그날은 빙떡도 웃었다

그날은 빙떡도 웃었다

펴낸날　초판 1쇄 2025년 10월 20일

지은이　오인순
펴낸이　서용순
펴낸곳　이지출판

출판등록　1997년 9월 10일
등록번호　제300-2005-156호
주소　03131 서울시 종로구 율곡로6길 36 월드오피스텔 903호
대표전화　02-743-7661　**팩스** 02-743-7621
이메일　easy7661@naver.com
캘리·삽화　임옥례
디자인　김민정
인쇄　ICAN
물류　(주)비앤북스

값 15,000원

ISBN 979-11-5555-266-7 (03810)

* 이 책은 제주특별자치도와 제주문화예술재단의 2025년 제주문화예술재단 지원사업 후원을 받아 발간되었습니다.

그날은 빙떡도 웃었다

오인순 수필집

이지출판

작가의 말

서걱거리는 바람이 지나간 텃밭에 앉으니 눈물 콧물로 얼룩진 부엌이 스친다. 기억의 몸에서 아련한 냄새가 난다. 매캐하지만 친숙한 편안함이다. 기억이 풍경으로 변한다. 그 풍경 속에 검게 그을린 부엌이 보인다. 어머니의 부엌이다.

어머니 손맛이 달그락거리며 내 입술에 젖는다. 떨어지는 빗방울, 바람 소리에도 애틋한 그리움이 쌓인다. 그것이 내겐 추억의 음식이다. 마르셀 프루스트의《잃어버린 시간을 찾아서》의 마들렌 시간처럼 단순한 음식이 아니다. 마치 심연을 들여다보듯 기억의 음식이 수면 위로 서서히 올라오며 미세한 떨림이 감지된다. 잊고 살았던 아련한 여정, 그것은 도대체 어디서 오는 것일까?

음식은 배고픔만을 해소하는 것이 아니다. 영혼의 허기를 채우고 어떤 감미로운 기쁨이 온몸을 휘감는다. 먹을 것이 부족했던 시대, 그래서 '보릿고개'란 말도 생기지 않았는가? 쌀은 떨어지고 보리는 아직 익지 않았으니 보리 수확할 날만을 기다리는 심정이 어땠을까. 추억의 음식을 지난날에 대한 향수로 내 가슴에 담는다. 그 시절로 돌아가 마음으로 냄새를 맡고, 맛볼 수 있다는 것은 행복한 일이다.

돌아보니 입맛도 변하고 옛 음식은 사라지고 있다. 질리도록 먹었던 보리밥은 힐링 음식이 되고, 쌀밥은 어디서든 먹을 수 있다. 아궁이 대신 전기압력밥솥이 있어 가마솥밥은 하지 않는다. 누룽지의 추억도 새롭기만 하다.

그래서일까, 숙제를 해치우듯 만든 음식은 맛을 느낄 수 없었다. 아궁이에 묻은 세월의 때를 토해 내듯 사라져 가는 제주 음식을 추억하고 삶을 이야기하고 싶었다. 교직 생활을 마무리하고 음식 공부의 길을 나섰다. 제주에서 서울로, 대구로, 영양까지 날아다니며 제주 향토 음식과 약선 음식, 반가 음식을 배웠다. 당시의 음식 맛을 기억하며 만들어 나누던 음식은 가슴 설레는 그리운 음식이 되고 있다.

이 책에 쓴 글들은 음식을 통해 새삼 기억되는 어린 시절의 제주 음식 이야기가 대부분이다. 나는 그런 음식을 먹으면서 어른이 되었다. 세월의 더께가 내려앉은 음식을 그릇에 담고 사유와 성찰이란 양념으로 감칠맛이 나게 끓이기도 하고 무치기도 했다. 시간이 흐를수록 이야기가 되고 고소한 향기가 났다.

일생 고단하게 살아오신 어머니의 밥상이 그리워지는 오늘이다. 풀꽃처럼 떠오르는 그리운 어머니. 어찌할까나. 삶의 노래가 되어 추억의 한 페이지를 장식한다. 희미해져 가는 기억 속에 묻힌 음식들을 한 권의 책으로 엮어 세상으로 내보낸다.

언제까지나 등 뒤에서 응원을 아끼지 않았던 가족과 지면을 할애해 준 '제주헤럴드' 강정만 대표님께도 감사를 드린다. 또한 글벗이 되어 준 인연들에게도 고마움의 인사를 전한다.

2025년 가을

오인순

차례

작가의 말 … 5

봄

당신의 달콤한 고백을 듣는 **감자전** … 14
삶은 누구에게나 공평한가 **머위꽃된장** … 20
어머니 품속처럼 깊은 맛이 나는 **보말미역국** … 26
따뜻함으로 품어 주는 **취나물국수** … 32
오랜 기억의 봄 향기가 날아드네 **냉이된장국** … 37
나른한 봄날 생기 찾고 싶으면 **시래기영양밥** … 42
먹고 나면 괜찮아질 거야 **애탕국** … 47
대접해 주고 싶은 날엔 **탕평채** … 52
삶의 짭조름한 문장 같은 **미역국** … 59

여름

어머니가 걸어온 길 **마농지** … 66

여름날의 어우렁더우렁 **호박잎수제비** … 71

그리움은 왜 뒤늦게 오는가 **자리돔구이** … 76

얼큰했던 아픔과 사랑의 그 **냉면** … 82

달아오른 얼굴과 등판을 식혀 준 **쉰다리** … 87

땀도 눈물도 보리꽃처럼 **보리개역** … 92

조급하던 마음도 느릿느릿 서늘하게 **초계탕** … 97

놓칠 수 없는 여름의 맛 **상추쌈** … 103

열아홉 살 청무꽃이 핀 **열무김치** … 109

어른의 맛으로 깨닫는 **가지덮밥** … 114

가을

너럭바위에 핀 소금꽃의 경전 **소금빌레** … 122
그날은 빙떡도 웃었다 **빙떡** … 128
까칠하게 살아도 괜찮아 **비빔밥** … 135
쉼표가 필요한 날엔 **는쟁이범벅** … 142
결국 어머니의 맛으로 되돌아오는 **토란조림** … 147
먹어서 즐겁고 불러서 즐거운 **매작과** … 153
기다리는 법을 깨우치는 **호박오가리짐너물** … 159
나의 소울푸드 **양하버섯튀김** … 165
사바사바로 달랬던 감칠맛 **고등어조림** … 172

겨울

주름처럼 여울진 그 맛 **돗괴기엿** … 180

그리움만 드리워 놓고 떠난 **몸국** … 185

겨울 냄새가 묻어나는 **무밥** … 192

추억 없는 인생은 쓸쓸하잖아 **고구마빼떼기** … 198

눅진한 정으로 죽을 쑤다 **콩죽** … 204

이제는 찾을 수 없는 **오합주** … 208

언제까지 그 맛을 기억할까 **소복만둣국** … 214

반전의 빛날 날을 기다리며 **치자단무지** … 221

리셋 인생을 꿈꾸며 **삼겹살김치말이** … 226

봄

당신의 달콤한 고백을 듣는 감자전

비가 축축하게 내리는 날이다. 남편이 술 한잔 하고 싶다고 한다. 이런 날은 입안에 고소한 기름기가 배는 쫀득한 감자전이 안성맞춤이다.

손이 바빠진다. 냉장고에서 감자 두 개와 애호박, 풋고추를 꺼낸다. 감자 칼로 껍질을 벗기면서 낡은 놋숟가락으로 감자를 긁던 어린 시절이 스쳐 지나간다. 감자 위로 숟가락이 지나가며 서걱거리던 그 소리. 달밤의 풀벌레 소리처럼 애틋하다.

감자를 긁는 일은 언제나 나의 몫이었다. 껍질을 긁으면 갯바위에 부딪히는 포말처럼 손등과 얼굴에 하얀 분말이 튀어올랐다. 그럴 때면 감자가 여름 향기를 풍기며 웃는 듯했다.

감자를 강판에 간다. 하얀 속살의 녹말즙이 뭉개지며 그릇 바닥으로 흘러 내린다. 감자를 보면서 내 삶을 들여다본다. 콩깍지에 씌어 책과 시詩밖에 모르는 철없는 남편을 만나 살면서 힘들었던 때가 있었다. 나는 땅속에 숨어 자라는 외로운 감자였는지도 모르겠다.

가난의 꼬리표를 떼려고 월급을 여섯 항목으로 나눠 봉투에 담고 살던 시절이 있었다. 부부가 꼬박꼬박 월급을 받는데도 홀로되신 어머님과 친정어머니까지는 역부족이었다. 한 푼 두 푼 아껴 가며 살아도 연말이면 사글세 집세를 감당하기가 어려웠다. 전셋집에라도 살아보려면 딸의 구멍 난 속옷까지 꿰매 입혀야 했다. 왜 그리 시간은 빨리 가는지, 세월을 나무에 붙들어 매고 싶었다. 그렇지만 어두운 땅에 박힌 채 가혹한 운명을 이겨 내고 꽃을 피우는 감자를 보면 힘이 났다. 그것은 생동감 넘치는 삶의 드라마였다.

그릇에 감자즙이 쌓여 간다. 남편이 등 뒤에서 손부채질하며 토닥인다. 하얀 감자즙을 보며 밥상에 둘러앉아 감자만 골라 먹던 감자밥과 소금에 찍어 먹던 포실포실한 찐감자 이야기를 나눈다. 그 아린 맛이 그리워진다.

생각해 보면 감자만큼 친숙하고 가까운 음식이 또 어디 있을까. 우리 식탁에서 흔히 볼 수 있는 감자의 운명도 기구하다. 감자는 울퉁불퉁하게 못생겼다고, 가난하고 미개한 사람들이 먹거나 악마가 먹는 음식이라는 누명까지 썼다.

첨예한 갈등이나 대립하는 쟁점마다 왜 '뜨거운 감자'라고 부르는지. 감자가 뭘 어떻게 했다고. 감자는 억울하다. 이랑에서 감자를 캘 때면 줄줄이 엮여 나오듯 우리 주변 곳곳은 해결법을 찾지 못한 뜨거운 감자가 천지다. 아직도 역병으로 감자가 말라죽고, 사람도 배곯아 굶어 죽어 나간 아일랜드 대기근의 아픈 사건도 모두 씻기지 않았다.

그렇지만 지금은 어떤 먹거리 못지않게 값싸면서도 몸에 좋은 것으로 많은 사랑을 받고 있다. 감자는 척박한 땅에서도 잘 자란다. 얼마나 생명력이 뛰어나면 화성의 인류 생존기를 다룬 영화 '마션'에서도 감자 재배에 성공하는 장면이 등장했을까.

길어진 이야기에 남편이 냉장고를 열고 막걸리를 꺼내며 재촉한다. 칼과 도마를 꺼내 풋고추는 송송 썰고 애호박은 채썰기를 하고, 가라앉은 감자즙에 부침가루를 넣고 반죽을 한다. 달구어진 팬에 기름을 두르고 반죽 한 국자를 떠서 얇게 편다. 노릇노릇 앞뒤로 지지며 홍고추를 고명으로 얹으니 촉촉한 마음에 윤기가 흐른다.

감자전 한 조각을 입에 넣는다. 바삭거리는 촉감과 찰진 맛이 혀끝에 달라붙는다. 남편도 입꼬리가 올라가며 배시시 웃더니 맛있다고 거든다. 막걸리 두어 잔 걸치고 나니 남편 얼굴에 홍조가 어린다. 희끗희끗한 머리카락을 쓸어 넘기며 내 손을 힘주어 잡으며 떨리듯 말문을 연다.

"남은 인생 선물이라 생각하자. 이젠 당신의 뜻대로 따르리라."

느닷없이 그 말을 들으니 먹먹하다. 눈가에 맺힌 눈물방울 속으로 외롭고 고단했던 시간이 도미노처럼 무너진다. 대답은 하지 못했지만 나도 존경과 사랑으로 감자꽃의 꽃말처럼 '당신을 따르겠습니다' 하고 수줍은 새색시처럼 마음속으로 되뇌어 본다.

거실 TV에선 우리 마음을 알기라도 하듯 최성수의 〈동행〉이 흐르고 있다. 남편의 말 한마디에 지난 서러운 일들이 녹아내린다.

아직도 밖에는 비가 내리고 있다. 빗물에 고개를 숙인 텃밭에 핀 흰색, 보라색 감자꽃이 정겹고 소박하다. 감자꽃 노래를 흥얼거려 본다.

자주 꽃 핀 건 자주 감자, 파 보나 마나 자주 감자
하얀 꽃 핀 건 하얀 감자, 파 보나 마나 하얀 감자

감자꽃이 비바람에 하늘하늘 춤을 추며 노래한다. 감자꽃의 달콤한 고백을 듣는다.

'당신을 따르리.'

감자전 한 조각을 입에 넣는다. 바삭거리는 촉감과 찰진 맛이 혀끝에 달라붙는다. 남편도 입꼬리가 올라가며 배시시 웃더니 맛있다고 거든다.

삶은 누구에게나
공평한가
머위꽃 된장

봄이 겨울 문턱을 넘어섰는가. 뜨락의 담벼락 틈새에 생명의 숨결이 스며든다. 차디찬 땅속에서 웅크리고 있던 씨앗이 조용히 눈을 뜨며 기지개를 켠다. 서둘러 나온 초록 잎새는 낯선 듯 꽃샘바람에 울멍울멍 거친 숨을 내쉰다.

바람은 겨울을 떠나보내기 아쉬운 듯 춤을 추며 나무를 흔들어 댄다. 잠든 꽃잎을 깨우려던 나무는 옴질옴질하며 봄이라고 소리친다. 조금 더 기다리면 들판에 생명의 불꽃이 피어오르며 아지랑이가 수채화 물감을 뿌려 놓은 듯하다.

봄은 생각만 해도 따스함으로 온몸이 달떠온다. 겨울을

인내한 만상을 살포시 안아 주고 싶다. 햇살이 스미듯 내 몸도 따스하다. 대지의 온기가 다시 살아나면서 봄의 숨결이 뛴다. 꽃망울을 내민 고혹적인 매화 나뭇가지에 비단결 같은 봄바람이 지나간다. 시간의 얼룩들을 지워 내듯 그 자리엔 설렘과 희망이 돋아난다. 부드럽고 향기롭다.

차가움으로 응결되었던 담벼락 아래 돋아난 머위 위에 성채처럼 햇살이 내려앉는다. 땅속에서 겨울을 견디어 온 머위, '나 여기 있노라' 하며 머위잎이 하늘거린다. 손끝으로 매만지니 그 파릇한 숨소리가 살갗으로 전해 온다. 살아 있다는 것만으로 벅찬 선물을 받는 느낌이라고 할까. 마음 한구석에서 날려 보내지 못한 묵직했던 감정들이 녹아내린다.

마을 골목길 옆 머위밭에 머무른다. 초록 풍경을 마음에 그려 보는 오후 햇빛이 눈부시다. 언젠가 미술관에서 본 박수근의 그림 〈나물 캐는 소녀들〉이 떠오르며 가난했던 아득한 시절의 시간이 흐른다. 단발이나 댕기 머리를 한 소녀들이 웅크려 이야기의 실타래를 풀 듯 나물을 캐고 있다.

누구랄 것 없이 억센 푸성귀처럼 살아온 어린 시절, 가난을 경멸하곤 했던 기억이 사뭇 아프다. 들녘에서 봄나물이라도 캐서 조촐한 식탁을 채운다는 절박함은 삶의 진실한 순간이었다. 먹거리가 부족한 시절에 봄철 나물은 얼마나 중요한 식재료였는지….

어린 머위잎을 뜯는다. 맨손으로 덤볐더니 손끝에 푸른 물이 든다. 초록으로 물든 손마디에 향기가 마법사처럼 에너지를 불어넣는다. 땅속에서 엎드린 채 침묵의 뿌리를 통해 생기 있게 솟아오른 머윗대, 숭고하다고 할까, 경이롭다고 할까. 고대 롱기누스는 신적인 자연에서 느껴지는 희열을 숭고라 했는데 바라볼수록 신의 입김을 느낀다. 나도 모르게 환희의 탄성을 지르게 된다. 완벽한 힐링이다.

봄이 시작되는 무렵에 머위잎을 무쳐 먹으면 집 나간 입맛이 쌉싸래하게 돌아온다. 머위의 성질은 따듯하고 맛은 쓰고 맵고 시원하다. 기침을 멎게 하고 열이 나거나 답답한 증상을 없애고 허한 몸을 보해 준다. 또 비타민이 풍부하고, 칼륨이 잔뜩 들어 있으니 봄철 보약이다.

먹을 것이 없어서 나물을 먹었다면, 이제는 건강을 위해 일부러 찾는다. 늘 가까이에 있어서 몰랐지만, 누구보다 든든한 친구 같은 맛이다. 그 자리에서 계절의 변화에 순응하며 할 일 다하는 머위, 변치 않는 기억의 맛으로 다가온다.

머위 맛을 즐기려면 툭툭 손으로 따서 잘 씻어 밥솥에 밥이 뜸 들 때 살짝 얹으면 그만이다. 데친 머위잎에 보리밥

한 순갈 떠 놓고 곰삭은 된장을 얹어 머위쌈밥을 먹어 보라. 입을 크게 벌려 깨물면 초록으로 심신이 물들고 싱싱한 영혼으로 되돌아올 것이다.

머위쌈밥이 좋은 것은 겨울 언 땅을 뚫고 올라온 초록빛 생명으로 새 숨을 불어넣기 때문이다. 김이 모락모락 오르는 머위쌈밥을 맛볼 수 있다면 봄은 소박한 아름다움으로 물들 것이다.

머위 줄기를 삶아서 껍질을 벗긴 후 들깻가루를 넣고 볶아 주면 한 끼 반찬으로 봄 향기 가득한 식탁이 된다. 프라이팬에 들기름을 두르고 머윗대와 마늘과 간장, 육수 조금 넣고 볶다가 홍고추, 청고추, 양파를 넣어 조금 더 볶는다. 들깻가루와 대파를 넣고 섞어 국물이 걸쭉해지면 부족한 간을 소금으로 맞춘다. 머윗대의 쌉싸름한 매력적인 그 쓴맛은 이웃을 부르고 싶은 맛이다.

머위의 전설도 재미있다. 염라대왕의 살생부에 오기誤記가 생겨 고민이 이만저만 아니었다. 그 문제를 쉽게 해결해준 재주꾼에게 대접했던 나물이 머위라고 한다. 재주꾼은 맛있게 먹은 머위나물 씨앗을 지상에 가져와 심었다. 꽃이 피더니 꽃봉오리 수십 개가 합해진 꽃송이, 그래서 봉두화 峰斗花라고 했다. 봉峰은 '무리', 두斗는 '많다', '크다'는 뜻이다. 머위꽃 한 송이를 살짝 벌려서 살펴보니 꽃 수술 속에 별이 반짝인다. 하늘나라가 그리웠는지 작은 송이마다 별을 품었다.

갓 피어난 머위꽃 몇 송이를 땄다. 머위꽃으로 튀김도 하고 머위꽃된장도 만들어 볼 참이다. 머위꽃을 깨끗이 씻고 끓는 물에 한 번 데쳐 물기를 빼고 잘게 다져 썬다. 냄비에 참기름을 두르고 된장과 맛술을 넣어 섞고 달달 볶는다. 거기에 데친 머위꽃을 넣고 볶아 주면 아삭하게 씹히는 머위꽃된장이 완성된다. 흰 쌀밥에 머위꽃된장을 얹어 먹든지 머위쌈밥에 먹으면 찰떡궁합처럼 잘 어울린다. 머위꽃튀김은 머위꽃을 씻어 튀김가루를 물에 풀어 튀겨 주면 고소함의 극치다.

초록의 날빛이 짙어 간다. 묵은 뿌리에서 새순처럼 돋아난 꽃대의 시간과 노력이 눈물겹다. 사람들은 머위꽃이 피는 것조차 잘 모른다. 이른 봄 연녹색으로 스쳐 지나가듯 피었다 지기 때문일까. 머위꽃을 보니 그의 꽃말이 이마에 박힌다. 사랑이니 행복의 달콤한 의미가 아닌 '공평'이다. 세상이 많이 어지럽다. 앞으로 더 힘들 것이라고 한다. 이럴 때일수록 머위 꽃말이 그리운 날이다.

삶은 과연 누구에게나 공평한가? 나는 과연 누구에겐가 머위꽃처럼 살아왔는가? 삶의 공평과 불공평을 다시금 생각해 본다. 끈질기게 희망을 키워 나간다면 봄날의 머위꽃처럼 빛나지 않을까.

어머니 품속처럼 깊은 맛이 나는 보말미역국

바닷가에 도착하니 일몰 낙조가 수평선으로 넘어가고 있다. 붉은 노을이 바닷속으로 빨려 들어가며 하늘과 바다를 물들인다. 파도마저 부서지며 붉은 피를 토하듯 노을에 반사되어 뜨겁게 달군다. 밤물결을 헤치며 바람을 끌고 온 바다는 잠들어 있는 배들을 어루만져 주고 있다. 갈매기들은 지친 몸으로 돌아온 고깃배 주변을 맴돌며 반긴다.

바다는 물결을 일렁이며 갯바위에 살짝살짝 스치며 밀려났다가 들기를 반복하고 있다. 방파제의 뜨거웠던 호흡은 가라앉고 낚시꾼들만이 너울거리는 물결 속에 잠긴다. 어둠 속 등댓불은 희망의 불씨를 전해 주기 위해 반짝이고 있다.

깊은 바다는 아무런 대답이 없고 파도만이 훨레훨레 춤을 춘다.

커피를 들고 바닷가를 느리게 걷는다. 썰물이 되면서 사람들이 해루질하려고 랜턴과 플래시를 켜기 시작한다. 밀물 속에 잠겼던 수두리보말이 바닷속의 기억을 남긴 채 돌 위로 기어오른다. 잔물결이 찰랑대며 갯바위에 올라타다 미끄러진다. 해루질이 시작된다. 한 발 한 발 더듬으며 돌 위에 다닥다닥 붙은 수두리보말을 손으로 훑는다. 금사빠처럼 보말에 빠져든다.

보말은 제주 바다 고둥을 말하는데, 크게 먹보말과 수두리보말로 나뉜다. 바닷물이 빠진 얕은 곳에서 쉽게 눈에 띄는 둥그스름하면서 짙은 흑색은 먹보말이고, 수두리보말은 깊은 바닷가 돌 틈에 사는 암갈색 고둥이다. 썰물 시간이 짠맛으로 절인 발자국에 그리움으로 묻어난다. 비릿한 바다 냄새가 피부에 스며들며 애틋했던 기억이 보말 속으로 감겨 든다.

백중사리 날이다. 물때가 좋으니 어머니가 "보말국이나 끓여 먹게, 바당에 글라" 하셨다. 양동이와 호미를 들고 별도봉 바닷가로 나갔다. 오랜만에 보는 바다 풍경은 낯선 듯

새로웠다. 수평선은 아득하고 쓸쓸했지만 어디론가 떠나고 싶은 울음소리가 들리는 것 같았다. 가난의 굴레와 빚 독촉에 시달리는 쓰디쓴 삶을 벗어나려 몸부림치는 소리였는가. 더 높이 더 멀리 비상하기를 꿈꾸는 한 마리 외로운 조나단처럼 애절하다.

소매와 바지를 걷어올리고 조심스럽게 썰물의 물결무늬를 밟았다. 팔뚝에 핏줄을 세우며 누워 있는 둥글둥글한 돌들을 일으켰다. 먹보말과 수두리보말이 돌 틈이나 바위 아래쪽에 달라붙어 있거나 숨어 있다. 보말은 뼈도 힘도 없어 대항할 수 없는 듯하다. 사람의 눈 같은 모자를 뒤집어쓴 채 무골호인처럼 큰 눈으로 바라보기만 한다. 썰물에 실려 온 보말은 가끔 방게만 들락날락할 뿐, 하안거에 든 수행자처럼 침묵하고 있다. 마치 달력에 대학 졸업 날짜를 써 놓고 뭍으로 올라서려 이불 속에서 눈물 흘리며 몸부림을 치던 나를 보는 듯하다.

보말을 줍는다. 희망을 줍고 싶었다고 할까. 보말을 주울 때마다 어머니의 무릎에서는 바위에 하얗게 부서지는 파도처럼 퍽퍽 소리가 났다. 보고 듣는 이 없어도 가슴에 담아 둔 울음을 뱃고동처럼 마음껏 뱉어내고 싶었다. 옷깃에 기워진 꿈의 실타래를 바다에 풀어 놓는다. 부서지는 파도가 가슴을 할퀴어도 놓아 버릴 수 없는 게 삶이 아니던가.

보말 속살에 설비치는 생의 열망이 꿈틀거린다. 햇살이 어머니 굽은 등에 웃음 번지듯 내려앉는다. 이 햇살이 오래 머무르면 좋으련만. 보말을 양동이에 채우며 지친 마음을 바닷물에 헹궈 내셨는지 어머니 모습이 안온하다. 어느 때보다 돌아오는 발걸음이 가벼워 보였다.

보말을 삶는다. 보말은 잡는 즐거움도 크지만, 식구들이 모여 앉아 삶은 보말을 까먹는 재미를 빼놓을 수 없었다. 바늘을 찔러 돌리면 달팽이처럼 나선형으로 기어 나오는 보말. 동생과 나는 보말을 까기 무섭게 입으로 마구 집어넣는다. 먹는 것도 과유불급이면 탈이 나는 법, 욕심이 화를 부르고 그날 밤은 설사로 화장실을 들락날락했다.

보말 살은 겉모습과는 다르게 희망의 물결이 숨어 있다. 보말은 어머니와의 약속처럼 살에 박힌 문장을 읊고 있다. 연애하지 말고, 아르바이트와 수석 졸업해야 한다는 글귀가 빠져나오며 물동그라미를 그려낸다. 물동그라미는 피할 수 없는 나의 큰 꿈이자 어머니가 내린 숙제였다.

보말 살로 미역국을 끓인다. 굵은소금으로 보말 살을 박박 씻어서 해감한다. 마른미역을 물에 불려 먹기 좋은 크기로 썬다. 냄비에 불린 미역을 넣고 참기름을 두르고 볶는다. 비릿한 냄새가 사라지고 고소한 향이 난다. 해감 시킨 보말에 육수를 넣고 팔팔 끓이다 국간장으로 간을 한다.

보말미역국은 어머니 품속처럼 구수하고 감칠맛이 난다. 그 맛을 음미하며 잠들지 못해 퍼덕대던 지난 시간을 연상해 본다. 어쩌면 시련은 인생의 깊은 맛을 느끼게 하는 계기인지도 모른다. 짙은 해무 속에서 길을 잃고 방황도 하고 깊은 골 속에 파묻혀 허우적거리기도 했다. 보말 속에 갇혔던 세월은 '인내와 성실'이란 체화된 선물로 숙제하고 가난의 터널을 건넜다.

구름 한 점 없는 푸른 하늘과 바다가 맞닿은 수평선을 바라보며 바닷가를 걷는다. 저 멀리 나갔던 고깃배가 포효의 물살을 가르며 포구로 돌아오고 있다. 고기를 잔뜩 싣고 드나드는 포구, 부산스럽게 움직이며 왁자지껄하게 외친다. 생명의 소리가 울려 퍼지는 바다가 윤슬로 눈이 부시다. 붉은 노을이 꽃비처럼 떨어진다. 내일을 잉태할 붉은 빛을 날갯짓하며 물때에 젖은 보말미역국의 노래를 불러본다.

보말미역국은 어머니 품속처럼 구수하고 감칠맛이 난다. 그 맛을 음미하며 잠들지 못해 퍼덕대던 지난 시간을 연상해 본다. 어쩌면 시련은 인생의 깊은 맛을 느끼게 하는 계기인지도 모른다.

따뜻함으로
품어 주는
취나물국수

꽃샘바람이 부는 어느 봄날, 햇빛을 튕기는 잎사귀 사이로 바람이 자맥질하며 물결을 일으킨다. 나무 잔가지와 잎이 들쭉날쭉 흔들린다. 싱그러운 잎의 들숨과 날숨이 호흡기를 타고 내 몸으로 흘러 들어온다. 가끔 나를 괴롭히는 관절로 바람이 숭숭 드나든다. 바람의 언어가 허공에서 춤추다 흩어지며 달아난다. 어쩔 수 없이 나는 책상머리에 박혀 책을 든다.

강창래의 《오늘은 좀 매울지도 몰라》를 읽는다. 요리에 젬병인 그가 암 환자인 아내를 위해 시작한 낯선 부엌일의 일상을 쓴 글이다. 요리하는 남편의 애틋한 사랑과 울림이 담긴 이 책은 요리만이 아닌 마음이 더 따뜻하게 다가온다.

다 읽고 나니 가슴이 먹먹하다. 슬픔과 기쁨으로 양념한 음식을 읽으며 눈물에 젖곤 했다. 사랑하는 사람과의 이별은 상상만으로도 적잖게 괴롭다. 시간이 흐르면 누구나 죽음의 문을 열고 들어가야 하는 게 인간의 운명 아닌가.

텃밭에 연두 옷을 입고 튀어나온 취나물이 사운거린다. 바람과 햇볕과 물만 먹고 자란 취나물. 아무 거리낌이 없다. 취나물을 뜯어 코에 대니 봄을 몰고 온 알싸한 향이 식욕을 돋운다. 무엇인가 먹고 싶다는 의욕이 앞선다. 싱싱한 취나물은 마구 뜯겨도 아랑곳하지 않는다. 다시 새순이 나오니 그 기세를 이길 수가 없다. 그래서 비타민과 식이섬유가 많고 혈액을 맑게 해 주는 약성藥性이 좋은 산나물인가 보다. 나는 해마다 취나물을 텃밭에 심어 뜯어서 말리기도 하고 무쳐서 먹기도 한다.

오늘은 취나물로 입맛을 살릴 국수를 만들어 온기를 채우고 싶다. 혀가 아닌 몸이 원하는 음식, 바로 이게 자연과 가까운 건강 지킴이려니. 취나물은 마트에서 파는 것보다 억세어 부드러운 것만 뜯어서 씻고 데친다. 물기를 빼고 다진 마늘, 깨소금, 간장, 참기름 등 갖은양념을 넣고 주무른다. 된장을

조금 넣어도 좋고 들기름, 들깻가루를 넣어도 좋다. 수행하듯 즐겁고 편안한 오감으로 취나물과 정감을 나누며 무친다. 씁쓸한 취나물이 단맛으로 웃으며 다가온다. 사랑으로 만든 음식이 몸을 만든다는 것을 깨닫는다. 화를 내면 음식도 화를 낸다. 짜증 난 상태에서 만든 음식은 짜고 쓰다.

취나물 데쳐 낸 물에 국수를 삶는다. 국수가 끓는 물을 만나자 뻣뻣한 자태가 스르르 구부러진다. 달라붙지 않게 한 바퀴 휘휘 저어 주니 원을 그리며 파문이 인다. 몸을 떨듯 부르르 끓어오를 때 다시 찬물을 약간 부어 주면 거친 숨이 가라앉는다.

국수에 취나물 색깔이 밴다. 얼른 소쿠리에 건져 흐르는 찬물에 두 손으로 비벼 가며 씻는다. 전분 물이 나오지 않을 때까지 헹궈 건져 올린다. 한 손으로 국수를 말아 채반에 담는다. 냄비 속에서 타올랐던 국수 가락이 감추었던 마음을 드러내는지 서로 가슴을 끌어안고 달라붙는다.

육수를 끓인다. 육수에 따라 국수는 맛이 다르다. 냄비에 물을 붓고 멸치와 다시마, 무, 버섯 등을 넣고 국물을 우려낸다. 육수가 깔끔하고 담백하다. 국수 그릇에 말아 놓은 사리를 넣고 끓는 육수를 부었다가 따라내는 토렴을 두어

번 반복한다. 육수가 면 사이사이로 스며드니 국수 가락이 풀어지며 살아난다. 내 마음에 어린 티끌과 엉켰던 울음까지도 풀어낸다. 면이 육수와 하나가 된다.

토렴하면서 사랑이란 자신을 내세우는 것이 아님을 알게 된다. 나의 옹골찬 이기심을 지우고 비워 내야만 상대에게 다가갈 수 있으리라. 어쩌면 부부 관계도 그렇지 않을까. 되돌아보면 나는 한 사람을 사무치게 사랑하지도 못하고 밍밍하게 살아온 날이 많았다. 오로지 국수 가락으로만 살았는지도 모르겠다.

사리와 육수처럼 만나 하나의 그릇에 담아 온 세월이 40년이 넘었다. 부부란 어떤 존재일까. 문정희 시인의 〈부부〉가 떠오른다.

부부란 서로 묶는 것이 쇠사슬인지
거미줄인지 알지 못하지만
묶여 있는 것만은 확실하다고 느끼며
오도가도 못한 채
……

서로를 옭아매 길들면서 부부라는 색깔로 살아오지는 않았는지. 참으로 미묘하고 복잡해 나만의 문장이 실타래의 실처럼 풀려나온다. 널브러진 일상을 조금만 따뜻하게 바라봤더라면 그는 쫄깃쫄깃한 사리가 될 수 있지 않았을까.

국수 위에 육수를 살며시 붓고 무친 취나물을 얹고 쪽파를 송송 썰어 넣는다. 고명으로 표고버섯볶음과 달걀지단, 김 가루를 올린다. 식탁에 남편과 마주 앉는다. 그의 얼굴을 쳐다본다. 칠십 줄에 들어서면서 많이 늙었다는 걸 몸과 마음으로 느낀다. 밤도둑처럼 오는 세월을 누가 막겠는가. 그래도 나의 정성과 사랑으로 만든 음식이니 진시황의 불로초가 부럽지 않기를.

국수 가락을 입에 넣으니 취나물 향이 퍼지며 몸을 뒤흔드는 소리가 들리는 듯하다. 그 소리는 취나물 빛깔만큼이나 경쾌한 파장을 일으키며 몸의 길을 터 준다. 없는 듯 비어 있던 위장이 서서히 차오른다. 국수 한 그릇에 내 몸 저 밑에서부터 살금살금 퍼지는 따뜻함의 정체는 무엇일까. 뜨거운 글귀 하나 쓰고 싶어진다.

오랜 기억의
봄 향기가 날아드네
냉이된장국

열 살 나는 봄이면, 동네 친구들과 들녘을 돌며 무엇에 홀린 듯 쑥과 냉이, 달래를 뜯거나 캐곤 했다. 망태기를 끼고 호미를 든 채 먼 들판을 바라보는 윤용의 옛 그림 〈나물 캐는 여인〉처럼 어린 쑥과 달래, 냉이를 찾아 한 소쿠리 캐고 나면, 바람의 한기 속 어딘가에 숨어 있는 봄을 감지하곤 했다. 그런 날의 봄나물 저녁 밥상은 무치고 데치고 삶고 볶은 반찬으로 봄 향기가 집 안에 은은하게 출렁거렸다.

봄을 기다려 온 사람들이 얼마나 봄나물이 반가웠으면 "산채는 일렀으니 들나물 캐어 먹세. 달래김치, 냉잇국은 비위를 깨치나니…"라고 나물 예찬 노래를 했을까.

겨우내 움츠렸던 몸이 구석구석 나른하고 달던 입맛이 멀어진다. 이럴 때는 쌉싸래한 봄나물이 제격이다. 따스한 햇살이 덩달아 봄나물을 재촉한다. 기氣와 맛味을 살리는 봄나물은 춘곤증을 깨우는 계절의 요정이려니. 간편한 옷차림에 목장갑을 끼고 나물 캘 도구를 챙겨 들길로 나섰다. 파릇하게 피어오르는 잎이 싱그럽다. 봄바람이 살랑살랑 불어오며 살갗을 건드린다. 채식주의자도 아니면서 밥상에 오른 봄나물이 잃었던 입맛을 되돌려 줄 듯하다.

밭두렁에는 어린 쑥들이 얼굴을 내밀고 있다. 꽁꽁 얼었던 땅속에서 햇살을 찾아 지상으로 올라와 기지개를 켜는 녹색의 천사다. 쑥 캐는 즐거움에 푹 빠진다. 봄을 맞이하는 몸짓이라고 할까. 바짝 엎드린 냉이가 거친 숨을 몰아쉬며 나를 쳐다본다. 겨울 동안 추위에 얼었다 녹으며 흙을 뚫은 냉이 이파리가 마지막 고비인 꽃샘바람과 맞서는 꿋꿋한 자세다. 장자의 '안명론安命論' 가르침처럼 주어진 운명을 받아들이고 그에 순응한 삶의 지혜다. 봄나물조차도 운명을 이겨 내며 사는데, 과연 나는 사소한 일로 얼마나 많은 투정을 부리며 긁어 왔는가. 냉이의 말 없는 몸짓을 보며 깨닫는다.

밭담 사이 땅을 비집고 나온 냉이는 뿌리심이 크고 늘씬하다. 잔뿌리도 별로 걸치지 않고 곁뿌리도 없이 곧게 깊이 내려섰다. 거칠고 외진 땅 바람 코지에서 세찬 겨울을 벗어나려고 몸부림을 치며 어찌 혼자 견뎠는가. 마치 동안거에 들어 묵묵히 자신의 길을 닦는 수도자 같다. 캐다 보니 이번엔 잔뿌리가 많을 뿐 아니라 뿌리도 짧고 잎 모양도 볼품이 없다. 온갖 간난신고艱難辛苦를 겪은 할머니 주름살 같다고나 할까.

햇살이 내려앉은 땅에 들풀과 같이 냉이 잎사귀가 얽혀 자라고 있다. 얼어 빠져 시든 잎은 볼품없건만 손으로 당겨도 잘 뽑히지 않아 푸른 잎만 뜯는다. 금세 한 바구니다. 봄은 누가 뭐래도 겨울을 견딘 자의 몫, 냉이를 캘 때마다 가르침으로 가슴에 새긴다. 잎 하나를 뜯어 보니 쓴맛이 확 올라온다. 맛 중에서 가장 고되고 애달픈 맛, 겨울이 길고 지루해서일까. 그래서 첫 봄나물일수록 맛도 씁쓸해 아이들이 고개를 돌리는 이유인 듯싶다.

냉이를 씻는다. 누런 잎은 떼어 내고 뿌리는 칼로 다듬어 여러 번 흔들어 씻는다. 먹기 좋은 크기로 숭덩숭덩 자른다. 쌀뜨물에 멸치와 다시마를 넣어 끓인 육수에 된장과 다진 마늘을 간간하게 풀고 끓인다. 끓는 국물에 어슷 썬 대파와 두부, 냉이를 넣어 우르르 잠깐 끓이면 비장을 튼튼하게 하고 간 기능을 도와 해독에 그만인 냉이국이 완성된다.

국물 맛을 보니 냉이 향이 입안 가득 퍼지며 코를 자극한다. 냉이 잎과 뿌리의 식감이 어우러진 맛과 향은 단순한 된장국이 아니다. 겨울을 나지 않았다면 냉이가 이런 맛을 낼 수 있었을까. 겨울의 빗장을 뚫고 나온 뿌리의 힘인가. 냉이된장국을 한 숟갈 떠먹는 순간 쌉싸래한 맛과 향기에 눈이 감긴다.

꽃샘추위처럼 고달플 때 냉이된장국이 더욱 생각나는 이유는 무엇일까. 쓴맛과 풋내를 삼킬 줄 몰라 얼마나 몸을 떨어야 했는지. 냉이된장국을 따뜻한 밥에 말아 마파람에 게 눈 감추듯 삼킨다. 비릿한 풋내는 사라지고 목구멍을 치고 올라오던 체기 같은 울음도 멈춘다. 입안에 들녘의 푸르던 색깔은 사라지고 향기만 가득하게 남는다. 그 향은 구수한 된장이 받쳐 주는 것이라며 향기 있는 사람이 되라던 할머니 말씀이 삶의 묵시록으로 다가온다.

동부거춘부래冬不去春不來라 했던가. 겨울을 밀어낸 들녘이 깨어난다. 쓰디쓴 세상, 냉이된장국의 향기 한 국자 떠

주고 싶은 날이다. 인생의 쓴맛을 달랠 수 있는 그 향기가 바람 타고 어디론가 날아가며 누군가를 부를 것만 같다. 도란도란 이야기 나누며 봄나물 캐는 아이들, 마실 가는 이웃 삼촌들, 텃밭에 퇴비 뿌리고 터벅터벅 걸어가는 이장님, 나물 반찬으로 꾸며진 식탁을 기뻐하는 모습이 아름답게 그려진다.

밭담 너머에 냉이가 창창하다, 냉이꽃이 초록 잎사귀를 흔들며 하얗게 웃는다. 오랜 기억의 저편에서 봄 향기가 날아든다.

나른한 봄날
생기 찾고 싶으면
시래기영양밥

따사로운 햇살이 텃밭에 사르르 내려앉는다. 달보드레한 봄바람이 연둣빛 물감으로 풀어놓은 이파리를 간지럽히며 살랑거린다. 이슬을 머금은 잎이 파릇파릇 생동생동하다. 봄바람은 내 안의 어둠으로 치우친 생각을 쓸어 버리며 속닥거린다. 슬그머니 그 곁에 앉아 귀 기울이니 다문다문 속살거리는 소리가 들리는 듯하다. 채소의 윤기와 활력이 시름의 시간으로 닫힌 문을 연다.

계절 따라 텃밭 구석구석에 심은 채소가 바람결에 노래하듯 춤을 춘다. 부추, 상추, 오이, 가지, 고추, 시금치를 비롯한 여러 채소가 심어 있다. 마당 텃밭이 모자라다 싶으면 주변에 놀고 있는 땅에 잡초를 뒤엎어 토란이며 취나물, 대파,

머위, 방풍나물까지 가꾸고 있다. 텃밭은 나의 놀이터이며 수행처다. 아침에 눈을 뜨면 임을 만나러 가듯 달려간다. 하루가 멀다고 금세 잡초가 끼어들어도 내겐 더없이 편안한 어머니 자궁 같은 곳이다.

돌담 따라 심은 부추는 베어 내도 다시 자라난다. 한 자리에서 석삼년 시집살이하는 새색시 같다는 생각이 든다. 초록빛 가녀린 잎 사이로 올라온 줄기에 핀 하얀 꽃들이 은가루를 뿌려 놓은 듯 아름답다. 꽃송이가 작아서 눈여겨보지 않으면 예쁜 줄도 모르고 지나치는 꽃이다.

상추는 어떤가. 연둣빛으로 연약한 듯하지만 쑥쑥 잘 자라는 채소다. 원나라로 끌려간 궁녀들의 아픔과 그리움을 달래주었던 상추가 있는 식탁에 봄이 내려앉아 잃었던 오감을 일깨운다. 상추는 삼겹살에만 어울리는 것 같지만 부침가루와 달걀을 섞어 부친 상추전은 계속 손이 가는 감칠맛 나는 음식이다. 입안 가득 상추쌈을 싸 먹으면 몸도 마음도 든든해지는 것 같다. 상추가 있는 식탁은 외롭지 않다.

시금치를 먹으면 뽀빠이처럼 힘이 날까. 바다에 일렁이는 너울이 몰아쳐 지나가듯 몇 달 동안 나의 몸은 마뜩하지 않았다. 무릎이 거칠게 몰아친 풍랑에 부서진 난파선 같았다. 팔랑거리며 쏜살같이 달리던 시간이 멈춰 버렸다. 관절염으로 움직일 수가 없었다. 밤마다 끙끙 앓았다. 아픔은 누가 대신해 줄 수 없는 나만이 감당해야 할 일이었다. 건강의 적신호, 어둠이 밀려왔다.

어느 날 새벽, 무릎에서 달그락거리는 소리가 들렸다. 격동의 감정이 소용돌이쳤다. 세월 탓만 할 것인가, 서글펐다. 허물어진 무릎에 귀를 기울이니 몸이 살아나는 음식을 생각하게 했다. 그래서 물로는 풀리지 않는 갈증처럼 그 해답을 찾고자 텃밭에서 기른 채소들로 음식을 만들었다.

오늘은 시래기영양밥과 무호두탕, 시금치 된장나물, 겨자채로 상차림을 했다. 밥상의 주인공은 시래기영양밥이다. 가을 햇살과 바람에 잘 말려 둔 무청 시래기를 삶아 된장을 넣고 무친다. 이것을 불려 놓은 잡곡과 함께 대추, 잣, 버섯, 은행을 넣고 압력밥솥에서 지으면 맛과 영양이 밥알에 삶을 반추하듯 스며든다. 이때 된장은 먹으면서 된장이 들어갔는가 할 정도로 적은 양을 넣어야 한다. 된장은 조미료 역할이다. 시래기영양밥에 곱게 빻은 깨에 간장, 참기름, 다진 마늘과 청양고추를 살짝 넣은 매콤한 양념장을 곁들여 비벼 먹으니, 날카로웠던 마음이 한결 부드럽다. 감칠맛의 풍미로 아팠던 시간을 잊고 즐길 수 있을 것 같다.

무호두탕은 무와 버섯에 간장과 들기름만 넣어 맛이 배도록 다글다글 볶는다. 다시 국물을 붓고 호두를 넣고 푹 끓인 무호두탕은 위가 더부룩할 때 먹으면 그만이다. 고향같이 깊고 아늑한 맛이다. 짜릿하게 강하지 않으면서 먹으면 먹을수록 그 여운이 남는다. 입에 착 달라붙는 맛은 아니다. 무와 호두의 조합이 이루어진 배지근하면서도 시원한 이런 맛이 나는 좋다.

텃밭에서 뽑은 시금치는 살짝 데쳐 된장과 산야초 효소를 넣고 조물조물 무쳐내면 착 감기는 달착지근한 맛이 입맛을 당겨 준다. 미나리 향이 밀려 나오는 겨자채에 겨자소스와 잣가루를 뿌리면 우울했던 기운이 확 날아간다. 하루 동안 힘든 시간을 부정하듯 흔들림이 컸던 때문일까. 자연의 오묘한 맛이 나른한 몸에 생기를 불어넣는다. 음식에서 중요한 것은 혀의 맛이 아니다. 어쩌면 조리하는 사람의 손맛이다. 그래서 음식을 만드는 일은 사랑과 정성을 바치는 일이 아닐까 싶다.

세월이 지나면서 입맛도 달라진다. 밍밍한 묵 같은 맛을 더 좋아하게 된다. 젊어서는 무엇이든지 진하고 강한 맛이 좋았다. 맵고 짜고 시고 단 것이 좋았는데, 이젠 이런 것에 입맛을 잃어 가고 있다. 촐랑거리지 않고 티가 나지 않게 있는 듯 없는 듯한 사람처럼 음식도 그래야 한다. 목소리가 너무 크거나 지나치게 악착스러우면 떫은맛처럼 싫어진다.

신선한 재료의 풍미를 잘 살린 이런 밥상은 먹을 때마다 차분히 마음이 가라앉는다. 온갖 자극적인 맛에 길들였던 미각이 푸른 잎에 젖는다. 통증의 무게가 가벼워지는 듯하다.

식탁 위에 텃밭 공양의 시간이 빛난다. 음식을 만드는 순간이 온기를 품은 흙의 향기로 음표 찍듯 번진다. 불면의 시간이 숙연하게 입맛을 다시며 지나간다. 실바람 타고 온 푸른 텃밭의 봄 냄새가 코끝을 간질이며 말을 걸어온다.

'나이가 들면 누구나 다 아픈 거야.'

먹고 나면 괜찮아질 거야 애탕국

애타게 부르지 않아도 봄이 와 있다. 미풍에도 꽃망울이 아이들 웃음소리처럼 밝게 터진다. 산을 넘어온 봄바람은 나를 설레게 하고 초록빛 시간으로 초대한다. 이토록 간절하게 기다리는 계절이 있을까. 그냥 햇살이 이끄는 대로 가슴에 담아 둔 기억을 열어 보러 마을의 들로 나갔다.

그곳에 잊고 있던 어린 시절의 수많은 감성이 채색되어 있었다. 코끝이 시리다. 왠지 모를 포근한 슬픔이라고 할까. 흙과 바람, 공기와 꽃향기가 나를 먹이고 키웠다. 봄 햇살의 감촉을 느끼며 천천히 벌판 구석에 눈을 던지니 연둣빛으로 머리를 내밀고 있는 쑥과 냉이가 보인다. 냉이는 벌써 꽃을 피우고 있다. 나의 모든 것을 드리고 싶은 봄의 새색시라고 할까. 핸드폰 카메라에 담아 본다.

쑥은 나의 모든 기쁨과 슬픔의 정서가 묻어 있는 봄나물이다. 열한 살이던 나는 봄방학만 되면 바구니를 들고 봄나물을 캐러 다녔다. 냉이, 달래, 미나리, 쑥, 누구는 추억이라 하지만, 외로움과 그리움이었다. 어쩌면 겨울의 가난을 달고 나온 봄의 맛, 쓴맛이었는지 모르겠다.

밥솥에 쪄 먹던 쑥버무리는 왜 그리 슬픈 저녁이었는지. 한 끼니를 때우려고 거친 쑥과 부스러진 쌀알을 목울대로 넘길 때 눈에서 눈물이 쏙 빠지곤 했다. 그렇지만 쑥의 초록은 《위대한 개츠비》의 부두 끝에서 밤새도록 반짝이던 초록 불빛처럼 내겐 데이지의 존재와 같은 것이었다.

쑥개떡은 또 어떠한가. 쑥버무리의 화려한 변신이던가. 보들보들 데친 쑥을 잘게 썰어 믹서에 갈고 여기에 쌀가루를 넣어 동글납작하게 빚어 찜기에 찌면 그만이다. 쑥개떡의 생명은 쫀득쫀득한 식감과 향이다. 쑥 향은 입안 가득 색다른 맛을 풍기며 향수로 찾아온다. 어머니는 봄이면 쑥을 뜯어 쑥개떡을 만들어 이웃과 나눠 먹곤 했다. 봄날의 정겹던 하루가 그려지던 그날의 손맛이 오늘따라 그립다.

어머니와의 추억이 쑥의 쓰디쓴 맛과 따스한 온기로 녹아들며 혈관을 타고 스며든다. 심장에서 뿜어 나온 피돌기가 간장肝腸의 쌓인 독을 풀어 주고 나른한 몸을 깨워 주니 춤바람이 절로 난다. 쑥타령이 따로 없다. 입맛 까다로운 날 향기로운 맛이 훑고 지나가니 졸리던 낮잠이 화들짝 놀란다. 그래서 봄은 푸른 봄나물을 먹어야 하는 것이 아니랴.

봄 세상 구경 나온 부스스한 쑥을 손으로 쓸어 보며 내게 할 말이 없을까 여유를 부려 본다. 선재 스님의 "봄에는 쑥과 머위를 세 번은 먹어야 한다"는 이야기를 들은 적이 있다. 열이 많은 사람은 찬 성질의 머위를, 몸이 찬 사람은 따뜻한 성질의 쑥으로 추운 겨울을 이겨 낸 몸에 에너지를 넣어야 한다는 것이다. 이게 바로 건강을 지키는 체질에 맞는 음식 궁합인 약선藥膳이다.

쑥개떡을 하다 남은 데친 쑥은 널어 말려서 부엌 구석에 갈무리를 해 두곤 했다. 여름이 가고 가을 지나 까맣게 잊고 있다가 눈발이 날리는 날이면 쑥떡을 만들어 먹었다. 그런 날이면 서로 얼싸안고 한 덩어리가 되던 들판이 내게로 왔다. 매섭게 추위를 몰고 오던 겨울바람도 침묵하며 시린 등을 도닥였다. 가슴에 묻어 있던 슬픔과 기쁨이 범벅이 되어 내 마음을 쓸고 지나갔다.

쑥의 몸짓이 기지개를 켜며 나를 부른다. 따뜻한 훈기를 품고 있는 쑥을 뜯어다 뜨거운 국을 끓이면 겨우내 지친 속이 풀릴 듯하다. 말랑말랑한 수제비 반죽 같은 시간, 입맛에 활력을 불어넣고자 한 해의 출발선에 서서 부엌의 스위치를 누른다. 주방에 서니 사무치는 외로움도 잊게 된다. 또 행복을 믿는 사람만이 생명의 음식을 만드는 성소임을 깨닫는다. 모든 자연의 식재료와 연인인 듯 자웅동체가 된다.

오늘 저녁 메뉴는 애탕국이다. '나는 프로다'라고 생각하며 레인지 불을 켜고 애탕국을 끓인다. 간단한 음식이지만 마치 내가 대단한 음식 솜씨가 있는 것처럼 어깨가 으쓱해진다. 어쩌면 지금껏 맛보았던 수많은 맛뿐 아니라 추억 속의 뒤섞인 맛을 보고 싶은지도 모르겠다.

어린 쑥을 헹궈 내고 치맛바람 날리듯 숭덩숭덩 썬다. 곱게 간 소고기에 다진 파, 다진 마늘, 참기름, 소금, 후추 양념을 한다. 여기에 두부를 으깨어 썰어 놓은 쑥과 함께 동글동글하게 완자를 빚는다. 급해지는 마음을 완자로 굴리면서 어떤 기억을 버무려 넣을까, 잠시 생각한다.

깊이 묻어 두었던 초록빛 기억을 가만가만 물들여 본다.

내 아이들도 나처럼 추억할 만한 음식 하나, 특별한 음식 하나 가지게 될까? 완자에 눈가루 날리듯 밀가루를 뿌려 옷을 입히고 달걀물에 담근다. 냄비에 육수를 넣고 끓으면 완자를 넣어 동동 떠오르면 완성이다. 그릇에 담고 마름모꼴 달걀지단을 고명으로 올린다. "애탕국 대령이오!" 하고 한 그릇 대접하면 겨우내 움츠렸던 몸에 활기가 되살아나리라.

어디든 가리지 않고 쑥쑥 자라는 쑥은 누군가에게는 잡초일 수 있다. 그러나 쑥은 그토록 힘겹고 추운 겨울에도 생명력을 잃지 않고 꿋꿋하게 살아남는다. 영양적으로도 모자람이 없는 고마운 식재료다. 쑥 향기와 맛이 아르테미스 여신처럼 내게로 날아든다. 그래서 내게 쑥은 봄이다. 겨울 같은 관절에 한 줄기 봄 햇살이 스며든다. 겨울은 길었지만 오는 봄은 따스하게 솜이불처럼 다가온다. 햇살이 비출 때마다 굳었던 뼈마디를 감싸 안고 속삭인다.

"먹고 나면 괜찮아질 거야."

대접해 주고 싶은 날엔
탕평채

슬그머니 미소가 번집니다. 별빛을 이불 삼아 누워 서로 살갗 부비는 골목의 집들. 이웃들의 따뜻한 삶의 숨결들이 허공으로 퍼져 나갑니다. 초록빛 물이 오른 나뭇가지는 꽃망울을 매달고, 목련은 폭죽을 터뜨려 놓은 듯 피어 있습니다. 하늘을 보며 아픈 기억도 어두운 그림자도 다 내려놓고 한없이 푸른빛에 가슴이 설레었던 기억을 불러냅니다.

열정을 끌어안던 청춘의 시간이 술 취한 바람처럼 지나갑니다. 어둠을 뜯던 폭풍의 날들, 바람 따라 몸을 섞고 살면서 허덕거렸습니다. 그러다 보니 나이 들어 조금씩 몸이 부서지는 것을 깨닫게 됩니다. 벌칙에 가깝지만 어쩔 수 없이 견뎌야겠지요. 신은 나의 기도가 모자라도 질책하지 않고 저를 쓰다듬어 줍니다.

세월의 흐름 따라 조금씩 구멍 난 낭만적 사랑을 들여다봅니다. 더께더께 우의友誼로 쌓은 그 자리에 남은 갈등의 흔적으로 가슴이 미어집니다. 혼자 살아온 세월보다 함께했던 시간이 더 많은 사이, 그에게로 다가가 그를 사로잡고 싶습니다. 그게 바로 음식입니다. 음식은 내게 다정한 친구이며 어머니입니다. 사는 일이 막막하고 엄살을 부리고 싶을 때 주방에 서면 차분해집니다. 세상 밖으로 밀려났던 마음이 모래성 쌓듯 한곳으로 모아집니다. 다시 부서지는 일이 있어도 그곳은 나의 기도처가 됩니다.

부엌에서 나는 행복합니다. 주체할 수 없는 우울함이 밀려올 때도 살아갈 용기를 주는 곳이 그곳입니다. 외로움이나 아픔이 있어도 부엌에 서 있으면 견딜 수 있습니다. 도마 위에서 춤추는 칼, 식재료가 가득 든 냉장고를 보면 혼자가 아닌 삶을 보게 됩니다. 끓는 냄비에서 하얀 김이 새어 나올 때면 허기진 영혼이 치유되곤 합니다. 이곳에 들어설 때마다 살아갈 이유에 대한 심오한 철학 수업을 듣는 것 같습니다.

오늘은 임금님 수라상에 올렸던 탕평채와 시금치나물을 하려 합니다. 탕평채는 조선시대 영조·정조 때 당쟁을 없애기 위한 탕평책에서 연유되었습니다. 다섯 가지 색깔 재료가 고루 버무려진 음식의 맛. 그 맛이 어떻겠습니까. 함께 어우러져 화합을 이루며 살라는 속뜻이 있는 오묘한 맛을 가진 음식입니다. 요즘 우리 사회와 가정에 필요한 음식이 아닐까요.

냉장고 문을 여니 먼저 텃밭의 채소들이 잠들어 있다가 깨어나며 말을 걸어옵니다. "누구를 선택하려고 하나요?" 그 질문에 답하듯 미나리와 시금치를 꺼내 오다가 그 곁에서 잠든 척하는 숙주나물과 청포묵도 데리고 나옵니다. 이번에는 냉동실에서 호흡을 멈춘 소고기를 꺼냅니다. 실고추와 김을 깜빡했네요. 시금치는 시금치나물을 만들고 미나리와 청포묵, 숙주나물과 소고기, 실고추, 김으로 탕평채를 만들려고 합니다.

탕평채는 궁중음식이라 어렵게 느껴지지만 누구나 쉽게 만들 수 있습니다. 청포묵과 함께 선명한 색을 가진 식재료를 새콤하게 무치면 됩니다. 화가 치밀어 오르고 우울함이 겹칠 때 나를 대접해 주는 음식이 탕평채입니다.

보통 묵이라 하면 도토리묵이나 메밀묵을 떠올리지만, 청포묵은 녹두로 만든 하얀 묵입니다. 《동의보감》을 보면 녹두는 열을 내리는 여름을 대비하는 절기 음식입니다.

다이어트에도 그만이죠. 마트에 청포묵이 없다면 구약나물로 대체해도 좋습니다. 청포묵은 얇게 펴서 곱게 채를 썰어 끓는 물에 투명하게 살짝 데칩니다. 끓는 물에 춤바람이 들어갔는지 야들야들해집니다. 묵채에 참기름과 간장을 약간 넣어 밑간을 합니다. 찰싹 달라붙으려고 끈적거리다가 묵채가 갈색의 옷을 입고 슬금슬금 거리를 둡니다. 그래야만 자신의 존재가 드러나나 봅니다. 사람도 마찬가지 아닐까요.

소고기는 가늘게 채 썰어 고기 양념으로 무치고 볶아서 식힙니다. 고기 양념의 기본은 간장, 설탕, 다진 대파와 다진 마늘, 후추와 참기름, 깨소금입니다. 그래서 저는 수업할 때 외우기 쉽게 '간 설 파 마 후 깨 참' 노래 부르듯 가르치기도 했습니다.

여기서 팁 하나를 알려 드리겠습니다. 간장과 설탕 비율은 2 : 1입니다. 불고기 양념이든 산적 양념이든 한가지입니다. 고기의 연육 작용을 돕기 위해 배를 갈아 넣거나 키위를 넣는데,

많이 넣으면 절대 안 됩니다. 키위는 연육 작용이 너무 강해 죽이 되고 말지요.

숙주는 머리와 꼬리를 자르고 미나리는 잎을 떼어 끓는 물에 데쳐 식힙니다. 끓는 물을 보니 지난 시절 아지랑이처럼 행복의 꿈을 찾던 때가 그리워집니다. 희망은 극복의 대상이라고 누군가가 말하더군요. 걸음을 멈추고 눈을 가늘게 뜬 채 향기로운 공기를 깊이 들이마셔 봅니다. 행복이란 얼마나 단순하고 소박한 것인지 다시금 느끼게 됩니다.

황백으로 나누어 지단을 부쳐 가늘게 채 썰고 김은 구워서 잘게 부수어 놓습니다. 이제 초간장만 만들면 됩니다. 초간장은 간장, 물, 설탕, 식초를 같은 비율로 하면 됩니다. "간을 보지 말라, 손끝의 느낌으로 넣기만 하거라" 하던 〈대장금〉의 한 상궁이 생각납니다. 밑간한 청포묵에 나머지 재료를 넣고 초간장을 끼얹어 살짝살짝 뒤섞으니 까다로운 입맛에도 간이 딱 맞습니다. 실고추와 김을 고명으로 얹어 놓으면 오색으로 오장五臟이 깨어나게 되지요.

행운의 당첨은 남편입니다. 얼굴이 햇살처럼 환해지며 입꼬리가 올라갑니다. 부부란 미묘 복잡한 관계인지라 어떤 날은 핑크빛 로맨스였다가 어떤 날은 소설을 쓰는 사이가 아니던가요. 젊은 시절의 뜨거웠던 사랑은 아니나, 자신의 생각을 바꾸고 서로를 이해하며 보듬어 주는 지금이 고맙기만 합니다. 그의 얼굴에 애잔한 마음이 몽글몽글 피어오르며 밉고 곱고 변덕스럽던 순간들이 무너져 내립니다.

탕평채, 음식으로 사람을 얼마나 빛나게 할 수 있을까요. 대접해 주고 싶은 '당신'이라는 별이 식탁 전등 아래 구슬처럼 빛나는 저녁입니다.

탕평채는 궁중음식이라 어렵게 느껴지지만 누구나 쉽게 만들 수 있습니다. 청포묵과 함께 선명한 색을 가진 식재료를 새콤하게 무치면 됩니다. 화가 치밀어 오르고 우울함이 겹칠 때 나를 대접해 주는 음식이 탕평채입니다.

삶의 짭조름한 문장 같은 미역국

라디오에서 반가운 노래가 흐른다. 5월 저녁노을이 오름 너머 붉게 물드는 시간, 노래 전주가 내 마음으로 옮겨온다. 순간 오래전 의식 저편으로 옮겨 놓았던 어떤 뭉클함이 가슴에 젖어 온다. 흩어진 기억의 조각이 드문드문 서로를 맞추며 세월을 뛰어넘어 흐르고 있다. 그때나 지금이나 내 마음 깊은 곳의 녹슬지 않은 울림이 다르지 않다.

모 방송국의 트로트 한일 가왕전에서 전유진이 부른 '사랑은 생명의 꽃'. 서정적이고 애달픈 노랫말이 세월의 더께로 다가온다. 나날이 주름꽃만 피는 나이인데도 감동하고 눈물이 맺힐 수 있다는 것이 참 다행이다.

그대의 가슴에 기대어/ 가만히 듣는 숨결/ 사랑의 기쁨이 넘치네/ 나는 새가 되고 싶어요/ 나는 별이 되고 싶어요/ 나는 아름다운 꽃이 되고 싶어요….

분홍 작약이 수줍게 꽃봉오리를 맺더니 흐드러졌다. 5월의 마당이 사랑에 빠진 듯 화사하다. 그래서 5월은 가정의 달, 둘이 하나가 되라고 부부의 날을 21일로 정했는가.

부부의 연을 맺어 살아온 수많은 사연이 영화처럼 지나간다. 울고 웃던 그때가 생각난다. 결혼행진곡을 울리며 서로 사랑한다고 함께 걸어온 길, 지나고 보니 모든 게 그리움이고 보약이었다. 힘들고 울고 싶었던 때도 어쩌면 그러려니 하며 받아들이는 일이 상책이었다. 지나치게 감정을 소모하며 위세를 부려 봐도 미묘한 감정만 교차할 뿐이었다.

나는 우중충하고 떨떠름한 기분이 들 때 뜨끈하게 끓인 미역국 한 그릇을 먹고 나면 기분이 가뿐해지곤 한다. 미역국은 내게 숨비소리이고 어머니의 젖가슴이었다. 미역에 스민 짠맛은 그렁그렁한 눈물을 씻어 주는 청량제. 삶이라는 숱한 글을 쓰고 지우며 고난을 퇴고해 주는 문장이라고 할까. 짭조름한 맛은 미워하며 원망하던 삶을 질책하는 아릿한 맛이었다.

채소 칸에서 신문지에 싸 놓은 미역을 꺼낸다. 양푼에 물을 붓고 미역을 담그니 마른 과정이 허무하게 무너지며 금세 불어난다. 손으로 바락바락 주무르니 손가락 사이로 미역이 미끄러져 나간다. 미역에 남은 소금기가 하얀 물거품을 쏟아내며 파도를 불러온다. 비릿한 바다 냄새가 코끝을 간질이며 주방을 메운다.

달궈진 냄비에 참기름을 두르고 잘게 썬 양지머리와 채 썬 표고버섯을 넣고 볶는다. 참기름의 고소한 향이 소고기 살결에 스며들며 갈색으로 변해 간다. 아름다운 꿈들이 무너져 버리듯 허전한 불빛만 남는다. 여기에 깨끗이 씻은 미역을 넣고 볶다가 육수나 쌀뜨물과 간장을 붓고 끓인다. 미역 사이로 소고기와 버섯의 감칠맛이 우러나온다.

국물이 팔팔 끓기 시작하면 불을 줄이고 국물이 뽀얗게 될 때까지 푹 끓인다. 미역이 국물에 몸을 내맡기듯 긴장을 풀면서 부드럽게 감칠맛을 돋운다. 마지막으로 들깻가루를 한 숟가락 넣으면 들깨 향이 은밀하게 스며든다. 이불깃을 덮어 주던 어머니 마음이라고 할까. 곰국 같은 맛으로 보양을 더한다. 여러 영양소와 알긴산과 항암 성분인 후코이단이 국물 속에 흘러나오며 한 덩어리가 된다.

따뜻한 국국물 한 숟갈 떠먹으니 텁텁한 입맛을 깨운다. 미역의 맛봉오리가 꿈틀거린다. 바다의 깊은 맛이 혀끝에 사르르 감긴다. 파도 소리가 어우러진 맛이 식도를 거치며 춤을 춘다. 잔잔한 해조음이 리듬을 탄다. 잠자던 혈액 속 노폐물이 화들짝 놀라며 독소가 빠져나간다. 혈관이 깨끗해지며 해로운 콜레스테롤이 낮아진다. 그뿐인가. 구멍이 생긴 골밀도가 채워지고 숭숭하게 빠진 머리카락이 미역 숲을 이루듯 살아난다. 그래서 《동의보감》에 "미역은 독이 없고 열을 내려 주며 이뇨 작용과 결기를 다스린다"라고 기록되어 있다.

미역을 보니 물결 위로 윤슬처럼 반짝이는 행복한 신기루가 아롱진다. 바닷바람에 실려 온 미역에서 해녀들의 노랫소리가 귓가에 울리는 듯하다. 미역을 건져 올려 말리던 해녀들의 푸른 생애가 생명의 꽃으로 피어난다. 탄생을 축하하고 또 위로받던 미역국. 인생을 알아갈수록 새삼스럽게 느껴진다. 묵묵히 인내한 애달픈 서사敍事가 나붓거린다.

봄빛이 짙어지는 날, 남편과 내가 좋아하는 미역국을 끓였다. 흔들리며 걸어온 순간들이 식탁 위에 펼쳐진다. 미역국은 남편에게 소주 한잔 당기는 그런 국은 아니다. 술 한잔

걸친 다음 날 속을 달래는 것이 미역국이다. 밥과 신김치를 넣고 훌훌 떠먹으면 미끌미끌한 미역은 쓰린 속을 보듬으며 까슬까슬한입맛을 순하게 달래 준다. 먹다 보면 김칫국물이 빨갛게 번지며 나쁜 기운이 빠져나가는 듯하다. 후루룩 쩝쩝 입맛을 다시며 마지막 국물까지 먹고 나면 해장이 말끔하게 되곤 한다.

오늘따라 남편의 눈빛 하나 흰 머리카락 하나까지도 햇살처럼 눈부시다. '짠맛은 변하지 않는다'는 말처럼 칠순의 남편 얼굴에 핀 주름이 부르시면 가야 하는 꽃자리처럼 보인다. 미역국을 비우고 나니 아쉬움만 남는다.

여름

어머니가 걸어온 길 마농지

마을을 껴안은 빛이 눈부시게 쏟아진다. 햇살의 위력은 어디서 왔을까. 붉은 햇무리 덩어리의 존재를 드러낸 자리가 찬연하다. 유감없이 내리쬐는 하늘빛이 어깨 위로 내려앉는다. 모자를 눌러쓰고 마을길을 걷는다. 야생화 핀 곳을 지나 뜨겁게 달아오른 포장길을 걷다가 잠시 눈을 돌린다.

수줍게 핀 찔레꽃은 빛을 잃고 치자꽃은 은은한 향기를 내고 있다. 길 건너 마을 삼촌의 마늘밭은 초록빛 물결로 출렁인다. 비닐 멀칭을 뚫고 나온 짙은 녹색 마늘대가 쭉쭉 뻗어 오른다. 줄기를 곧추세우며 그 모습을 드러내고 있다. 땅속의 마늘은 어느 만큼 여물었을까. 이만큼 자라기까지 햇빛만 받았으랴. 세찬 비바람과 긴 겨울밤의 외로움은 또 어떻게 견뎠을까. 모든 어려움을 다 이겨 내니 마늘이 건강 지킴이로 식탁에 오르는 게 아닐까.

마늘이 햇빛을 보는 순간이다. 동네 삼촌이 풋마늘을 뽑는다. 다 익으려면 아직 두어 달 남았다. 낙타 등처럼 굽은 삼촌이 허리를 펴며 일어선다. 머리에 안개꽃 한아름 핀 듯 그려 놓은 꽃모자가 인상적이다. 굴곡진 세월의 고삐가 풀린 것처럼 가는 한숨이 간간이 들리더니 바람에 묻혀 사라진다. 뙤약볕 아래서 잡초 뽑느라 갈중이에 땀꽃은 얼마나 피었을까. 얼굴에 파인 깊은 주름에서 살아온 에움길을 보는 듯하다.

여름빛이 내려앉은 마늘밭 정령이 속삭인다.

"캄캄한 밤길을 떠나려면 마늘 한 조각 먹고 떠나라. 초상집에 갈 때는 혼백이 붙으니 콥데사니를 품고 다녀라."

오래된 사진첩 펼치듯 옛 어른의 이야기를 떠올리며 전율한다. 그 냄새가 얼마나 강했으면 그랬을까. 마늘의 매콤한 냄새에 나쁜 귀신이나 액을 쫓는 벽사辟邪의 힘이 있다고 믿었다. 고대 이집트에서도 신성한 존재로 여겨 피라미드 건설 노동자에게 마늘을 제공했다니, 그 힘이 대단하다.

잊고 살았던 몸짓이 밀려온다. 어머니는 사오월이면 우영팟*에서 마늘을 뽑아 마농지*를 담그셨다. 손가락 마디만큼 마늘대를 잘라서 소금물에 절여 매운맛을 뺐다. 그것을 건져 항아리에 넣어 끓인 간장을 붓고 돌멩이를 얹었다. 마농지는 오뉴월 볕 아래 장독대에서 어머니의 시간으로 익어 갔다. 아침마다 장독대를 물행주로 닦고 나면 어머니의 고단한 하루 실타래가 풀리듯 반들반들 윤이 났다.

중국으로부터 들어온 마늘은 제주에서는 '콥데사니'라 불린다. 콥데사니 장아찌인 마농지, 반찬 가짓수가 많지 않던 시절 한여름 밥상에 올라 가족들을 먹여 살렸다. 대청마루에 옹기종기 앉아 소박한 찬에도 행복감을 느끼기에 모자람이 없었다. 아버지 밥상에는 늘 알뿌리 마농지가 올랐다. 마늘대와 잎사귀 마농지는 나와 어머니 몫이었다. 사기 접시 위에 놓인 그 알뿌리 마농지가 나를 유혹했다. 벽장 속에 숨겨 놓은 꿀단지의 꿀을 꺼내 먹듯 마농지를 떠다가 어머니 몰래 먹던 기억이 아련하다.

찬물에 보리밥을 말아 마늘대 마농지 한 꺼풀 벗겨 얹으면 실핏줄에 새 숨이 흘렀다. 짭조름한 마농지는 단순한 음식을 넘어선 추억의 손맛이라 잊을 수 없다. 보리를 수확할 때는 대나무 차롱에 보리밥을 싸고 자리젓과 된장, 마농지를 챙겨 밭으로 가곤 하시던 어머니. 잠든 옷자락에서는 마늘 냄새가 늘 배어 있었다.

세월이 흘러 맛깔난 음식이 넘치는 시대다. 어릴 때는 몰랐는데 나이가 들어 느껴지는 맛이 있다. 햇살에 말린 나물 맛이라든지 코끝이 찡해 오는 쌉싸래한 맛, 그런 맛이 그리워진다.

마농지가 애련한 것은 그리움 때문일까, 미각 때문일까. 명도암으로 이사 오고 나서 햇살 노릇한 여름날, 우영팟에 마늘을 심었다. 겨울이 지나 마늘순이 한 뼘씩 올라오더니 줄기가 커졌다. 영롱한 새벽이슬을 머금은 잎사귀들이 젊은 새내기마냥 너풀거리며 새뜻한 웃음을 짓는다. 간밤에 놀고 간 달빛 아래 노옥露玉이 마늘밭에 내려앉았다.

마늘을 하나 뽑아 보니 껍질의 감촉이 보드랍다. 마늘대 굵기도 엄지손가락 정도라 마농지를 담기에 딱 좋다. 쪼그리고 앉아 여물어 가는 마늘을 바라보며 우주를 품은 알리신 맛을 음미해 본다.

마늘을 뽑아 흙을 털고 씻는다. 조리법은 어머니와 별반

다르지 않다. 소금에 절인 풋마늘을 건진다. 냄비에 간장과 설탕을 넣어 끓인 다음 식초를 섞어 간장물을 만든 후 통에 담는다. 싱크대 한쪽에 놓은 마농지가 익고 있는지 뚜껑을 자주 열어 보게 된다. 주방은 향긋하고 매운 간장 냄새가 진동한다.

파릇한 상추 한 장 깔고 배지근한 삼겹살 한 조각, 그 위에 마농지 하나를 올려 먹으니 고소한 돼지기름 맛이 배로 느껴진다. 군침이 돌아 입맛 다시던 그 맛, 깊게 차오른다. 비루한 삶을 견인하는 맛깔난 음식으로 기억을 더듬게 된다.

골목길에 구수하고 뭉근한 냄새가 담장을 넘으며 지펴 오른다. 그 부엌에서도 어머니 향기 같은 잃어버린 맛을 찾아가지 않을까. 두리번거리다 우영팟을 서성인다. 마늘밭에 어린 햇발이 가쁜 숨을 내쉰다. 주방에 들어서서 들뜬 마음에 장아찌 항아리를 더듬는다. 낯익은 치맛자락 그림자 한 폭이 스쳐 지나간다.

* 우영팟 : 텃밭의 제주어
* 마농지 : 마늘장아찌의 제주어

여름날의
어우렁더우렁
호박잎수제비

꽃향기와 초록으로 물오른 7월, 한낮의 더위가 온몸을 데우며 울렁인다. 뜨락은 별을 닮은 호박꽃으로 수채화를 그리고 있다. 호박꽃 향기에 취한 걸까, 어디서 날아왔는지 꿀벌이 미동도 없이 코를 박는다. 노란 호박꽃 곁에서 호박 덩굴이 몸을 웅크려 기어오르며 철쭉 위를 질주한다. 겹겹이 포갠 어린 호박잎들은 웅성웅성댄다. 화들짝 놀란 꿀벌이 날갯짓하며 붕붕거린다.

참지 못한 사연들을 감추고 있던 빗줄기가 갑자기 마당 위로 와르르 쏟아진다. 짜락거리는 소나기가 열기를 식힌다. 푹푹 찌던 대지의 불덩이를 인간이 어떻게 감당하랴. 한바탕 소나기가 지나가니 지쳤던 몸과 마음이 편안하다. 떨어지는 빗방울을 바라보며 상념에 빠져 귀를 기울여 본다. 알 수 없는 그리움이 꿈틀거리며 뜨락에 떠도는 감성의 흐름 소리가 들린다. 이럴 때 생각나는 음식이 있다.

수제비는 보릿고개를 넘던 시절에 질리도록 먹었다. 분식장려 운동을 한창 벌이던 시기라 밀가루 음식으로 끼니를 많이 때웠다. 지금은 값싸고 양 많은 서민 음식이지만, 조선시대에는 양반가에서 잔칫상에 올리며 대접받던 음식이었다. 얼마 전 '백종원의 골목식당'에서 주인장이 뜨거운 육수에 반죽을 살짝 담그는 기술로 반죽을 얄팍하게 뜯어 넣는 모습이 매우 인상적이었다.

어머니는 비바람이 흩뿌리는 여름이면 손쉬운 수제비로 저녁 밥상을 차렸다. 연기 자욱한 부엌에서 검불을 뒤집어 쓴 채 눈물 콧물 섞은 호박잎수제비를 뜨셨다. 희미한 등불을 밝히고 밥상에 둘러앉아 새큼하게 익은 열무김치를 곁들여 먹던 시절이 아련하다. 코를 훌쩍이며 비지땀을 흘리면서도 먹을수록 단맛이 났다. 그리운 추억이 희미한 촛불처럼 기억의 언저리를 밝힌다.

양재기에 밀가루를 넣고 적당량의 물을 붓는다. 물 양은

수학 공식처럼 정해져 있지 않지만 대충해서는 통하지 않는다. 어머니는 눈대중이었지만 진 반죽을 이리저리 치대어 숟가락으로 수제비를 떴다. 풀어질 수 없는 끈끈하고 말랑말랑한 찰기, 온 가슴으로 서로를 받아들이는 애타는 당김이라고 할까. 밀알이 입안에서 씹히고 씹혀서 껌이 되듯 손아귀에서 주무를수록 부드러웠다. 오늘은 그보다 약간 되직하면서 칼국수보다는 부드럽고 말랑말랑한 반죽이다.

텃밭에서 따 온 호박잎은 잘라 손빨래하듯 바락바락 비벼서 초록 풋물을 뺀다. 씻는다고 거칠던 그 아픔이 사라질까. 냄비에 다시마 우린 물과 비린내가 나지 않도록 타닥타닥하게 볶은 멸치를 넣고 끓인 구수한 육수를 만든다.

펄펄 끓는 육수에 감자를 숭숭 썰어 넣고 밀가루 반죽을 하늘하늘할 정도로 얄팍하게 늘려 가며 뚝뚝 떼어 넣는다. 감자가 익고 수제비가 구름처럼 떠오른다. 그 모양이 얼마나 아름다웠으면 구름을 물에 띄워 삶은 운두병雲頭餠이라 했을까. 낭화浪花는 또 어떠한가. 수행승의 공양 받는 사찰 음식으로 끓는 가마솥 장국에 반죽을 툭툭 던질 때의 모습이 '물결치는 파도'라니. 옛사람들의 은유적 감성이 멋들어지다.

애호박을 반달 모양으로 썬다. 칼날 지난 자리에 맺힌

이슬 같은 물방울이 방울방울 맺는다. 끓는 육수에 들어선 애호박이 화이부동和而不同이다. 땅에서 캐낸 감자와 수제비를 보니 어찌 애틋하지 않으랴. 연둣빛 색깔을 잃지 않고 생기를 더한다. 이게 세상을 살아가는 삶의 이치가 아닐까.

호박잎을 넣는다. 국물에 초록 잎 향이 은은하게 퍼지며 허기를 달래 준다. 된장을 아주 살짝 풀어 주고 조선간장으로 간을 맞춘다. 냄비 안은 구수한 맛을 위한 춤사위로 소용돌이친다. 잊었던 기억이 파도처럼 넘실거린다. 불 조절로 재료의 맛과 호흡을 맞춘다. 호화롭지 않지만, 어우렁더우렁 살아온 친구처럼 구수하고 시원하다.

요란하던 빗소리가 가늘어진다. 투박한 사발에 넘칠 듯 담은 호박잎수제비에 오이김치 한 점 올리면 그 맛은 어디다 비길까. 지나간 여름날의 기억이 말을 걸어온다.

어머니는 비바람이 흩뿌리는 여름이면 손쉬운 수제비로 저녁 밥상을 차렸다. 연기 자욱한 부엌에서 검불을 뒤집어쓴 채 눈물 콧물 섞은 호박잎수제비를 뜨셨다. 희미한 등불을 밝히고 밥상에 둘러앉아 새큼하게 익은 열무김치를 곁들여 먹던 시절이 아련하다.

그리움은
왜 뒤늦게 오는가

자리돔구이

핸드폰 벨이 울린다. 액정 화면에 뜬 이름을 보고 목소리를 가다듬으며 받는다. 여름 소나기처럼 느닷없이 말한다.

"모슬포* 자리 구이 먹으러 가게 마씸."

"어떵ᄒᆞ영, 나 먹고 싶은 거 알아싱고?"

"누군가 말홉디다. 드라이브 겸 갔당오게 마씸."

빗물에 촉촉이 젖은 도로를 따라 자동차를 몰고 천천히 달렸다. 모슬포항에 닿으니 안개에 살짝 가려진 가파도가 눈앞에 펼쳐진다. 정박한 배들은 항구에서 돛대만 하늘로 곧추세우고 출어할 물때를 기다리고 있다. 끈적끈적한 갯바람이 달려든 항구 입구에 해산물 전문 음식점들이 즐비하다.

한 식당에 들어섰다. 자리돔 코스를 주문했더니 무리 짓는 자리돔 습성처럼 자그마한 마을 풍경이다. 자리돔회, 시원한 자리물회, 빠싹 조린 자리조림, 노릇노릇한 자리구이, 짭짜름한 마농지, 생미역무침, 구수한 오이미역냉국. 나무 그늘 아래 멍석을 깔고 삼촌들과 이야기 나누던 옛 상차림을 보는 듯하다. 정갈하게 차려진 음식들이 입맛을 부채질 한다.

싱싱한 자리돔회에 초고추장을 찍어 맛을 본다. 담백하면서도 혀끝에 착 달라붙는 감칠맛이 감탄사를 부른다. 된장으로 맛을 낸 자리물회도 한 숟갈 떠 입안에 넣었다. 제피잎 향이 알싸하게 퍼지더니 비린 맛을 잡으며 더위에 지친 몸을 살려낸다. 소금만 뿌려 통째로 구운 자리돔, 검은 눈동자를 보니 먹기도 전에 눈물이 날 것 같다. 깊숙하게 자리한 그리움 때문일까. 눈가에 이슬이 맺힌다.

사춘기 시절, 흰 눈이 펄펄 쏟아지던 설 명절 다음 날이었다. 할머니 집으로 아버지와 동생과 함께 길을 나섰다. 할머니가 나를 보더니 두툼한 손길로 감싸 안으며 "아이고, 이렇게 커부러시냐?" 하며 반가워하셨다. 다섯 살에 천연두를 앓고 나서 얼금뱅이가 되어 버린 할머니. 나는 그런 할머니 얼굴의 자글자글한 주름이 늘 낯설고 부끄러웠다. 그래서인지 나는 할머니의 손길이 싫고 품에 안기고 싶지 않아 귤밭에서만 놀았다. 제주시에 살아 명절에도 제사 때도 서귀포에 가는 것을 좋아하지 않았다. 하지만 내색할 수가 없었다.

할머니 댁을 찾으면 따뜻한 온기로 감싼 자리돔 밥상이 차려진다. 이불 속에 묻어 둔 밥그릇을 꺼내 온다. 자르르 윤기가 흐르는 쌀밥이다. 밥그릇을 만지니 따뜻하다. 그 따스함이 고스란히 가슴으로 스며든다. 소쿠리에서 미리 구워 한 마리씩 종이에 싸 둔 자리돔도 올려놓는다. 아궁이의 잔불로 구웠다며 배시시 웃으신다. 종이를 걷어 내니 지느러미는 타고 비늘 위에는 검불 재가 앉아 있다. 정지(부엌)에서 넓은 얼굴에 보리씨를 뿌려 놓은 듯 재와 연기로 범벅이 되었을 할머니 그림이 그윽하게 그려진다. 매운 연기에 얼마나 눈물을 흘렸을까.

상 위에 수저를 놓으며 상기된 목소리로 말씀하신다.

"이 자리돔은 보목리 바당꺼여. 뼈까지 꼭꼭 씹으멍 먹으라."

그 말씀이 끝나자마자 외아들인 아버지는 할머니의 멍든 아픔을 삼키듯 밥 한 그릇을 꿀꺽 비우신다. 자리돔구이는 할머니의 사랑이었다. 할머니는 밥 먹는 소리를 들으며 둥근 보름달처럼 흐뭇해하셨다. 그렇지만 나는 껍질에 재가 붙은 자리돔이 싫어 밥을 먹는 둥 마는 둥하다 수저를 내려놓곤 했다.

지인이 지그시 눈을 감은 나를 보더니 "뭐 햄수꽈, 빨리 먹읍써" 하며 재촉한다. 숨을 돌려 보니 젓가락들이 빠르게 반찬 접시 위를 오고간다. 어느새 자리돔회 접시는 비어 있다. 접시에 가지런히 누운 자리돔구이를 물끄러미 쳐다본다. 무리 지어 자리를 지켜 온 '자리'. 짧고 뾰족한 주둥이, 검게 타버린 금빛 비늘 속에 헤아릴 수 없는 얼룩진 그리움이 넘쳐난다. 자리돔 살을 한 점 떼어 먹으니 부드럽고 고소하다. 그날의 아련함이 밀물져 온다.

밥상을 물리고서 혼자 조용히 약주를 하시던 아버지가 보인다. 첫 한 잔은 한 번에 마시다가 두 번째부터는 두세 번 나누어 마신다. 어느 정도 취기가 돌더니 눈가 주변이 붉어지면서 말하지 못한 울음이 사그락거리며 찾아든다. 아버지의 넋두리다.

"죄송ᄒᆞ우다. 편히 모시지도 못ᄒᆞ곡."

숨비소리 같은 애끓는 한숨으로 채워진 술잔이 대청마루에 흘러넘쳤다. 아버지 얼굴은 눈물이 곧 쏟아질 것 같았다. 어린 나이에도 나는 가슴이 먹먹했다. 고단하고 외로운 삶을 품으며 살아온 할머니에게 자식으로서 아무것도 해드리지 못하는 아픔이 크신 듯했다. 아버지는 할머니에게로 애절한 눈빛을 보이다가 또다시 술잔을 기울이신다. 할머니는 숨을 죽인 듯 아무 말이 없다. 대청마루에는 가느다란 호롱 불빛과 정적만이 흐를 뿐이었다.

핏줄을 기다리는 일처럼 애타는 일이 또 있을까. 바스락거리는 나뭇잎 하나도 할머니에게는 기다림이었다. 문을 열고 들어오는 바람의 신음조차도 그리움이었을 것이다. 굵은 소금 뿌려 항아리에 그리움을 담아 기다리던 시간은 얼마나 깊었으랴. 내 입에 들어오는 밥 한 그릇의 수고로움은 또한 얼마나 컸을까. 쿵쿵거리는 발자국 따라 기다리는 동안 할머니의 눈길은 자식에게로 향하고 있지 않았을까. 굴곡진 할머니의 삶이 애틋해 아프기만 하다.

지나고 보니 얼마나 철없는 시절이었는지 후회스러움뿐이다. 그 할머니가 아니면 아버지와 내가 있었을까. 신이 창조했다면 그 신은 어디서 왔을까? 많은 질문으로 고요히 침잠

한다. 불가에서는 "부처님 법을 만나기 어렵듯이 부모의 연을 맺기도 어렵다"라고 한다. 나는 부모라는 숨결의 척추를 휘어잡고 푸른 줄기로 뻗어 이어진 인연이거늘.

거울을 들여다보니, 이마에서 아버지가 보이고 콧잔등에서 어렴풋이 할머니 모습도 보인다. 할머니는 나를 만날 때마다 자신의 분신이라도 만난 듯 얼싸안으며 맞아 주셨다. 뒤늦은 후회와 낯짝 뜨거움으로 울컥울컥하다.

그리움과 후회는 언제나 왜 뒤늦게 오는가. 코끝에 묻어있는 할머니의 체취가 자리돔구이 냄새에 젖는다. 그 고소한 맛을 씹고 씹으며 후회를 묻고 그리움을 묻는다.

* 모슬포 : 제주도 서귀포시 대정 모슬포

얼큰했던 아픔과
사랑의 그
냉면

소낙비가 지나간 자리에 뜨거운 햇빛이 쏟아진다. 조금 움직였더니 건조한 이마에 이슬이 맺히고 오징어처럼 축 늘어진다. 먹고 싶은 것 없냐는 남편의 질문에 쉴 틈도 없이 "냉면" 하고 튀어나온다. 바로 "다른 것 먹어도 돼!"라고 읊었지만 내 마음을 알아챘는지 "어디 갈까?" 한다. 내로라하는 냉면 전문점을 찾을 수가 없다. 가까운 거리에 냉면을 파는 오래된 돼지갈빗집으로 들어선다.

테이블마다 뜨뜻한 불판에 둘러앉은 풍경이 훈훈하다. 지글지글 돼지갈비 굽는 숯불 냄새가 코를 찌른다. 초벌 불맛을 본 돼지갈비가 노릇하게 구워져 나온다. 달짝지근한 갈비와 뼈에 붙은 갈빗살을 뜯는 얼굴들이 불 향처럼 화사하다. 상추와 깻잎 위에 고기 한 점과 파채를 얹어 싸서 먹으며 하루의 피로를 털어내고 있다. 한 테이블은 마무리를 하는지 코를 벌렁거리며 후루룩후루룩 냉면을 정신없이 입 안으로 넣는다. 식당은 시장통을 방불하게 할 정도로 왁자하다.

식당 한 귀퉁이에 자리를 잡고 앉았다. 메뉴판을 보고 남편은 매콤한 함흥비빔냉면, 나는 평양물냉면을 주문했다. 냉면 그릇의 살얼음이 날아오르는 더위를 가라앉힌다. 메밀 면발이 육수 한가운데 고동처럼 똬리를 틀고 고요히 앉아 있다. 그 모습을 보니 애벌레처럼 웅크리며 살았던 아득한 신혼의 기억이 떠오른다.

그땐 왜 그랬을까. 머릿속엔 오로지 아껴야 한다는 마음뿐이었다. 둘이 가서 냉면을 한 그릇만 시켰다. 남편은 먹고 나는 침을 삼키며 먼 산 쳐다보듯 했다. 나라고 왜 먹고 싶지 않았을까? 어린애처럼 철없는 남편은 내 마음을 알 길이 없었다. 임신 중인 내가 보이지 않는 듯 남편은 야속하게도 먹어 보라는 말 한마디 하지 않았다. 이런 사람이었나? 마파람에 게 눈 감추듯 젓가락질만 바쁘게 움직였다. 함민복의 시 〈눈물은 왜 짠가〉가 가슴에 와 젖는다. 돌아오는 무거운 발걸음으로 값싼 고등어를 사 들고 왔던 풍경이 스쳐간다.

냉면은 단순한 음식이 아니다. 냉면冷麵은 문자 그대로 찬 국수라고 말하겠지만, 그 역사는 굽이굽이 넘어온 구절양장九折羊腸의 사연을 품고 있다. 냉면 한 그릇은 왕에서 백성뿐만 아니라 팍팍한 삶에 힘들어하는 이들에게 치유와 위안의 음식이었다. 미식가인 고종도 명성황후를 잃은 후 망국의 한을 달래기 위해 고기 육수가 아닌 동치미 국물 냉면을 좋아했다. 그래서인지 배를 많이 넣어 달고 시원한 맛을 즐겼다고 하니 그 타는 속이 오죽했으랴.

면발을 젓가락에 말아 입안으로 들이키니 시원스레 식도를 타며 넘어간다. 머릿속이 투명한 얼음처럼 산뜻하고 명징해진다. 따뜻한 성질의 겨자와 식초를 곁들이니 시원스레 목구멍을 타고 넘어가는 메밀의 향, 희스무레하고 슴슴한 맛이 자꾸만 입맛을 당긴다. 행복한 미소가 번진다.

요즘은 평양냉면을 찾는 마니아가 많아졌다고 한다. 일주일에 서너 번 먹는 평양냉면 마니아들은 앉는 자리도 특별하다고 한다. 주방 가장 가까이 앉아 면발이 붇기 전에 이로 끊지 않고 목젖으로 끊어 먹어야 섬세한 메밀 향을 느낄 수 있다니 대단하다. 또한 차가운 동치미 국물에 꿩고기를 얹어 고춧가루와 식초를 뿌려 한겨울 뜨뜻한 아랫목에서 먹던 시대도 변해 여름 음식이 되었다.

칼럼니스트 김소저가 쓴 〈별건곤〉의 평양냉면 한 구절을 보면 이렇다.

"함박눈이 더벅더벅 내릴 때 (중략) 어머니 말소리가 차차 가늘게 들려올 때 '국수요~' 하고 방문을 열고 들여 놓는 것은 타래타래 지은 냉면이다. 꽁꽁 언 김치죽을 두르고 살얼음이 뜬 진장김치국에다 한 젓가락 두 젓가락 풀어 먹고 우르르 떨려서 온돌방 아랫목으로. 평양냉면의 이 맛! 뻐근하던 등짝이 불난 듯 뜨근뜨근해진다."

냉면은 지역과 스토리텔링에 따라서도 달라진다. 치킨부터 순대, 짜장면까지 클릭 몇 번이면 집 앞까지 배달되는 지금의 풍경은 예전엔 생각지도 못했던 일이다. 전화기도, 오토바이도, 포장 용기도 없던 시절, 집에 손님이 찾아오면 "냉면 한 그릇 시킬까요?" 이게 최고의 환대였다. 마부나 하인이 냉면 한 그릇을 들고 땀을 뻘뻘 흘리며 집으로 달려오는 그 모습, 상상하니 피식 웃음이 난다.

요즘 사람들이 〈냉면 랩소디〉 방영에 몰두하는 이유는 무엇일까. 실향민에게는 추억의 맛으로, 젊은이들에게는 새로운 맛으로 평양냉면을 찾는다. 한때 '밍밍하다'던 평양냉면이 이제는 중독성이 강한 음식이 되었다. 찌는 더위에 쌓인 스트레스를 한방에 날려 주는 청량함 때문이 아닐까 싶다.

달걀 반쪽이 면발에 눈동자를 그려 넣은 듯 점을 찍는다. 위를 보호하려고 거칠고 찬 성질의 메밀 면발보다 먼저 먹는다고 하지만, 노른자가 국물에 퍼지면 맛이 더 고소해진다. 그윽한 육수의 풍미가 입에 착 감긴다. 맛에 대해 호불호가 있지만 몇 번 먹어야 그 깊은 맛을 깨닫게 될지. 짜지도 달지도 않아 화장기 없는 민낯처럼 밋밋하고 담백하다.

냉면 그릇이 비워져 간다. 인생 한고비 지나고 나니 늦은 나이에 철이 들었는가. 남편이 건네는 비빔냉면 가락이 겨울 온돌방에 앉아 있는 듯 가슴이 따뜻하다. 삶의 매콤한 강을 건넌 듯 서러움으로 녹슨 세월이 삭아 산화되며 내 몸에 흐른다. 매운 면발에 구시렁구시렁, 훌쩍훌쩍 얼큰하게 스민 아픔이 다정한 손길로 화답한다. 젓가락 넘어갈 때마다 애틋한 한숨으로 간을 맞추며 살았던 세월이 살얼음 육수 속으로 파고든다. 상큼하게 입맛 돋우는 평양냉면이 낮달처럼 조용히 사랑으로 다가온다.

달아오른 얼굴과 등판을 식혀 준 **쉰다리**

바람결에 흔들리는 풀잎처럼 마음이 이리저리 흔들립니다. 이럴 때는 일상에서 훌쩍 떠나고 싶습니다. 푸른 바다가 보고 싶어 서귀포를 찾습니다. 5·16도로 아치형 숲 터널의 울창한 나무 그늘이 안온하게 마음을 도닥거립니다. 구불구불 아리랑 고갯길에 들어서니 햇살을 뚫고 빗방울이 순하게 떨어집니다. 여름 오후의 청량한 선물, 마음을 두드리며 추억을 불러옵니다.

쏜살같이 달려가는 계절에도 서귀포의 흙냄새는 따뜻하기만 합니다. 타는 목마름을 식히고 싶어 시원한 곳을 찾아 나섭니다. 사박사박 서귀포 이곳저곳을 다니다 별빛이 내릴 듯 이름이 예쁜 카페 앞에서 발길을 멈춥니다. 커피와 쉰다리를 파는 가게였습니다. 인테리어에 크게 공을 들이진 않았지만, 어딘가 모르게 편안하고 푸근한 느낌이 들었습니다.

카페에 대한 나의 로망은 쉰다리로부터 시작되었습니다. 우윳빛 쉰다리를 처음 음미했을 때 8월의 맛이라는 생각이 들었습니다. 진득한 단내와 알싸함은 기품 있는 성숙한 어른의 맛으로 그려졌습니다. 조금 더 천천히 깊이 음미할수록 옛 기억의 맛이 아니었습니다. 어쩌면 쉰다리의 본 맛을 잃어버리지 않을까 약간 걱정이 되었습니다.

문득 일본 원작 영화 〈리틀 포레스토〉 여름에서 가을의 한 장면이 스치고 지나갑니다. 도심 생활에 환멸을 느낀 이치코가 다시 고향으로 돌아오면서 이야기가 시작됩니다. 집에서 아마자케를 만들어 냉장고에 넣어 두었다가 밭일을 끝내고 시원하게 들이키는 모습이 떠오릅니다. 자신의 인생과 마주하고 싶어 도시를 벗어나 시골로 돌아왔다는 이치코. "행복은 만들어 먹는 거야." 그녀의 목소리가 멋지게 들려왔습니다. 어쩌면 지금의 내가 이치코처럼 그리움을 가슴에 담고 살아가는지도 모르겠습니다.

어머니의 쉰다리가 안개 속에서 낮은 목소리로 내게 옵니다. 쉰다리는 고요해 보이지만 내면은 고요하지 않은 음료입니다. '쉰다리'라는 언어도 정겹습니다. '밥이 쉬어 간다, 쉰 밥을 다린'이라는 뜻입니다. 쉰다리의 과정을 보면 고단했던 어머니의 삶이 담장 사이로 밀물져 옵니다. 푸른 이끼로 덮인 담장은 눈가에 주름진 세월처럼 그리움을 품고 있습니다. 거무스름한 돌담 위로 마당의 해바라기가 아득했던 시간을 끌어옵니다.

정지(부엌) 앞에 그림처럼 한 여자, 어머니가 앉아 있습니다. 손을 꼼지락거릴 적마다 오래된 이야기를 풀어놓으려는 듯 눈망울이 커집니다. 시간이 멈춘 듯 고요해 귀를 열고 세월의 늪을 들어봅니다. "무사 영 힘들게 살아신고?" 한숨을 크게 내쉽니다. 살아온 삶이 야속한지라 서러운 눈물이 흘러내립니다. 내 가슴에도 흘러내립니다. 이 풍경에 나는 여태 어떻게 살아왔는가, 삶이란 무엇인가 질문하게 됩니다.

누구나 대면하기 싫은 고통과 슬픔의 시간이 있었을 것입니다. 그렇지만 어둡고 절망적이라 할지라도 날이 밝으면 떠오르는 태양이 있음을 잊지 말아야겠지요. 삶을 벗어날 수도 없고 간혹 뜨거운 눈물을 흘리기도 하지만, 그 안에도 기쁨을 가져올 수 있다는 희망으로 살아가야 하지 않을까요.

가을이면 어머니는 정갈하게 옷을 입고 누룩을 빚었습니다. 강술을 빚어 살았던 어머니는 누룩을 정성스럽게 만들었지요. 오일장에서 값싸게 파는 그런 누룩이 아니었습니다. 누룩 빚기는 어머니의 삶이었어요. 밀을 물에 불렸다 으깨어 동그란 도래떡 모양으로 만들어, 난간에 볏짚을 깔아 그 위에 널어 놓고 자주 들여다봤습니다. 마르면서 누룩에 희고 노란 곰팡이, 빨간 곰팡이가 피었습니다. 빨간 곰팡이가 피면 그 빨간 꽃이 어머니 얼굴에 피었습니다. 이렇게 만들어진 누룩은 쉰다리나 강술을 만들 때 쓰곤 했습니다.

냉장고가 없던 시절, 여름이면 보리밥이 빨리 쉬었습니다. 먹다 남은 보리밥은 대나무 광주리에 넣어 처마에 매달아 놓았습니다. 하루 이틀만 지나도 보리밥은 쉬었습니다. 목구멍이 포도청이라 늘 부족해 버릴 수가 없었습니다. 척박하고 가난했던 아픔이 지나갑니다.

쉰다리가 그리운 날, 음식을 만들기 전 재료 앞에서 침묵하다 보면 이야기가 들려옵니다. 도마 위에 차려진 재료들이 어깨동무하고 춤을 추기도 하고 푸른 꿈을 꾸기도 합니다. 가만히 눈을 감고 생각에 잠깁니다. 그 순간 나도 모르게 탄성이 터져 나옵니다. 쉰다리는 어머니의 몸짓이었습니다.

그 몸짓을 읽어 갑니다. 밥을 깨끗이 씻어 냄비에 보리밥과 잘게 부순 누룩, 미지근한 물을 넣어 손으로 으깹니다. 뚜껑을 덮고 따뜻한 곳에 두면 부글부글 거품이 생깁니다. 효모균과 미생물이 깨어나는 시간입니다. 이것을 그대로 먹거나 체에 거릅니다. 당원을 넣으면 막걸리와 요구르트를 조합한 텁텁하면서도 새콤달콤한 맛으로 태어납니다. 한 그릇 들이마시면 허기진 배를 채우고 갈증을 해소해 주었습니다. 어쩌면 음료보다는 한 끼의 식사 대용이었지요. 그런 날은 서글프기 짝이 없었습니다. 그렇지만 배가 더부룩해 소화가 안 될 때는 천연 소화제 노릇도 했지요.

등에 땀이 고이면 엎드려 시원하게 등목하고 싶은 계절입니다. 태양이 작열하듯 등판을 지져도 쉰다리 한 잔 마시고 나면 여름을 견디게 합니다. 신맛과 단맛이 어우러진 쉰다리 맛이 흐릅니다. 쉰다리에 그리운 어머니 얼굴이 다가왔다 사라집니다. 달아오른 얼굴에 꽃이 핍니다.

땀도 눈물도 보리꽃처럼 보리개역

제주 원도심에 있는 산지천을 걷는다. 흑백사진 같은 삶의 흔적들이 흐릿하게 흐른다. 낡은 골목의 집 한 채가 발걸음을 붙잡는다. 고씨 주택이다. 고즈넉한 주택을 보니, 널찍한 상방(마루)에 누우면 선풍기가 없어도 뒷문으로 불어오는 시원한 바람에 저절로 잠이 올 것 같다. 주변을 둘러보다 그 옆 카페에서 '고씨보리개역'을 사 들고 고씨 주택 안으로 들어선다. 초록 잔디 마당이 한 폭의 푸른 치맛자락처럼 멋있게 펼쳐진다.

순간 어린 시절의 앨범을 들여다보듯 여름철 마당이 나를 이끈다. 고씨 주택 사랑방에 앉아 아지랑이 피어오르듯 이야기꽃을 나누던 풍경에 젖는다. 몇 살 때였던가. 저녁이 되면 마당에 멍석을 깔고 앉아 부채질하던 아버지 얼굴이 떠오른다.

어머니 젖과 같았던 보리개역을 한 모금 마시니, 뜨거웠던 목덜미와 가슴이 얼음처럼 시원하다. 애틋했던 바람 한 줌이 흘러내린 땀을 씻으며 스쳐 지나간다.

보리 수확하는 시기가 되면 나락을 마당에 펼쳐 놓고 말렸다. 맨발로 밟으면 그 거친 감각이 아릿하게 새겨졌다. 보리밥을 먹고 나면 왜 그리 쉽게 배가 꺼지는지…. 보리 낟알 속에 고된 숨결이 숨어 있던 보리밥은 배를 채우기엔 모자랐다. 보리밥으로 차린 밥상은 어머니의 땀이고 눈물이었다. 그 속에 어머니의 냄새가 느껴지고 아련했던 그윽한 색채가 보인다. 맵다고 짜다고 얼굴을 찡그리기도 하고 달콤했던 기억이 오늘따라 새롭게 다가온다.

장맛비가 물풍선을 그리며 주룩주룩 내리는 날이면 어머니는 보리개역을 만들었다. 보리개역은 보리를 볶아 만든 제주의 미숫가루다. 여름철 별미로 어른 아이 할 것 없이 누구나 좋아하던 음식이 보리개역이다.

어머니가 보릿짚을 부엌에 들여놓고 검은 무쇠솥 뚜껑을 부뚜막에 엎어 놓는다. "저기 항아리 속에 보리 한 됫박

가정오라" 하시며, 아궁이에 보릿짚을 밀어 넣고 불을 지핀다. 무쇠솥 뚜껑에 햇보리 한 사발 떠 넣어 볶는다. 타지 않게 나무 주걱으로 골고루 젓는다. 무쇠솥 뚜껑에 안개꽃처럼 금세 보리꽃이 피어난다. 볶은 보리의 구수한 향이 부엌에 퍼지며 울담을 넘어가면, 어머니의 허기진 얼굴은 날빛처럼 훤해진다.

일어나 허리를 펴시며 "방앗간에 가게, 다라이 가정오라" 한다. 볶은 보리가 다라이에 한가득이다. 팝콘 터지듯 가난한 시절의 땀도, 눈물도 볶은 보리꽃처럼 피어났으면 얼마나 좋았을까.

방앗간은 차례를 기다리는 사람들로 북적인다. 참새방앗간이 아니랄까 봐 반가운 목소리가 날아다닌다. 이웃 삼춘이 보리개역을 한 꼬집 집어 먹더니 "이번 개역은 당원 넣으난 더 맛 좋은 거 닮다. 개역 한 봉다리는 시어멍한테 보내야켜" 하시며 수줍은 듯 방긋 웃는다. 방앗간은 순식간에 보릿고개의 설움도 배고픔도 건너는 곳간이 된다.

갓 빻은 미숫가루를 한 숟갈 맛을 보니 솜사탕처럼 달콤하고 부드럽다. 식은 보리밥을 버무려 먹기도 하거니와, 목마를 때 대접에 몇 숟가락 떠 넣고 냉수를 콸콸 부어 휘저어

들이켜 보시라. 찬 성질의 보리개역이 '더위야, 물러가라' 하며 소리친다. 식이섬유가 많고 암 예방에도 영양적으로도 모자람이 없으니 이 또한 얼마나 좋은가. 마른 가루로 먹어 숨이 넘어갈 듯 눈물 흘리며 켁켁거리던 그날도 동동 떠오른다.

얼마나 힘들었으면 보릿고개라 했을까. 가난한 살림에는 양을 늘릴 수 있게 가루로 만들어 먹었다. 보리 몇 됫박이면 여름을 지냈으니 그만한 값싼 먹거리가 어디 있었으랴.

보리개역은 모두에게 웃음을 가져다준 지혜의 음식이었다. 지금은 여러 종류의 미숫가루를 돈만 주면 살 수 있는 시대다. 쌀이 남아돌고 밥을 적게 먹는 시대가 되다 보니 보리 개역은 옛이야기가 되고 있다.

그래도 아직은 그 맛을 기억하는 사람들이 있어 마트나 장터에 진열된 모습을 볼 수 있어 고맙기만 하다. 힐링의 맛이라 하지만, 지난 시간과 추억을 기억하는 사람이 없으면 아무리 값진 의미가 담겨 있어도 소용없는 일 아닐까. 그 맛을 아는 사람도 만드는 사람도 사라질 때가 오는 듯해 아쉬움으로 다가온다.

카페에 머무는 시간이 길어졌다. “개역 혼사발 멩글라” 말씀하시던 아버지, 개역을 만들며 눈물을 감추시던 어머니가 그리운 더운 날이다. 허기졌던 시절이 산지천 노을빛에 물들며 수평선을 넘는다. 후덥지근한 열기가 출렁이는 날, 보리 개역 한 사발 얼음 띄워 들이키면 어떨까. 문을 나서니 다시 폭염이다.

조급하던 마음도
느릿느릿 서늘하게
초계탕

7월 하늘, 장맛비가 뚝뚝 떨어져 내린다. 마당 건너편 오름에 초록이 쏟아진다. 무성하게 피어난 토란 잎사귀에 물방울이 몸을 굴리며 맺힌다. 푸른 이파리를 보노라면 잿빛 하늘처럼 칙칙하던 마음이 맑아진다. 텃밭 이랑마다 안부를 묻는다. 더위로 허기에 지친 날이면 남편의 추억 음식을 소환해 본다.

20대 어느 날, 그는 장맛비에 습한 기운이 들었는지 진땀을 흘리며 기력이 없었다. 병원에 다녀와서 이불을 뒤집어쓰고 누워 늦은 오후에 눈을 떴다. 온몸이 마디마디 쑤신다며 얼굴을 찡그렸다. 며칠간 불면과 피로로 축 늘어져 정신을 차리지 못했다. 머리가 무거운지 이마에 손을 갖다 대더니 다시 눈을 내리감았다.

누워 있는 그를 내려다보시던 어머님이 안타까운 듯 입을 뗐다.

“어서 일어나 이것 좀 먹어 봐라. 삼계탕이다.”

어머님의 힘찬 목소리는 병약한 그의 영양제였다. 아들의 쾌유를 바라는 어머님 사랑이 간절했는지 그날 삼계탕 한 그릇을 먹고 벌떡 일어났다.

그 뒤 삼계탕이 체질에 맞는다는 것을 알게 되었다. 음식과 체질의 궁합이 신기하다. 그래서 약식동원이라고 하는가. 사상학적으로 그는 소음인이다. 왜소한 체격에 힘이 약하고 예민해 찬 음식을 먹으면 자주 소화가 안 되고 불편해한다. 닭은 따뜻한 성질로 찹쌀과 대추, 마늘, 인삼을 넣고 끓이면 기력에 도움을 주곤 한다. 그래서인지 몸이 아프면 로보캅처럼 일어날 수 있으리라는 믿음으로 그의 삼계탕 사랑은 아직도 진행 중이다.

유리창에 턱을 괴고 앉아 밖을 내다본다. 바람이 풀잎을 건드리며 지나가지만 햇살이 뜨겁다. 바람에 날리듯 흘러가는 구름을 보니 그이에게 느릿느릿 음미할 수 있는 음식으로 콧노래를 부를 수 있게 하고 싶어진다.

부부란 서로 어떤 존재일까? 시인으로 평생을 살아온 남편, 이슬만 먹고 살아가는 맑고 순수한 존재로 생각하지만 그 역시 똑같은 일상인이다. 전혀 모르는 남녀가 사랑의 콩깍지로 만나 한집에서 수십 년을 산다는 것은 눈물겨운 기적이 아닐까 싶다.

오늘은 삼계탕이 아닌 초계탕이다. 초계탕은 차게 식힌 닭 육수에 식초와 설탕, 소금으로 간을 하고 국수를 말아 먹는 음식이다. 사랑하는 이에게 여태 살아오며 서로를 옭아매었던 빚진 대가라 생각하며 정성으로 천천히 음식을 준비한다. 조급하던 마음도 구름처럼 사라진다.

닭 육수를 만든다. 압력솥에 닭을 넣고 파, 양파, 마늘을 큼직큼직하게 썰어 넣고 삶는다. 닭이 다 삶아지면 고기 건더기는 건져 놓고 국물만 따라 냉장고에서 식힌다. 국물에 기름이 노랗게 뜨면 면포에 걸러 맑은 국물을 낸다. 여기에 식초, 설탕, 소금으로 간을 한다. 순수한 열정으로 넘쳐나던 연애 시절처럼 새콤달콤한 국물을 만든다.

채소를 손질한다. 이왕이면 식감이 사각거리는 채소가 좋다. 오이와 파프리카를 얇게 저미고 채를 썬다. 무는 적당히 썰어 식초 물에 담가 간이 배도록 한다. 홍초를 사용하면

별다른 것을 넣지 않아도 되어 편하다. 일반 식초라면 설탕과 소금을 함께 넣어 살짝 간이 배게 한다. 식혀 놓은 닭고기살을 발라 후추, 설탕, 소금, 참기름, 깨소금을 넣고 조물조물 무치다 보면 늦은 밤에 풀풀 풍기던 남편의 술 냄새가 스며든다.

국수를 삶는다. 쫀득하니 탄력 있게 삶으려면 물이 부르르 끓어오를 때 차가운 물을 한 대접 붓는다. 야드레하게 쫄깃한 국수는 어떻게 먹어도 맛있다. 이제는 어금니에 힘을 주며 씹는 음식보다 그냥 술술 넘어가는 국수가 좋아진다. 두 눈을 부릅뜨고 얼굴을 붉히며 목소리에 힘을 실어 살던 때가 생각난다. 꽃나무처럼 꽃을 피워 열매를 맺기도 하지만 비바람이 몰아치면 상처가 나서 어느 순간 허물어질 수도 있었다.

살아 보니 멀리 보이는 풍경과 가까이 들여다보는 현실은 달랐다. 김득신의 〈파적도〉를 보며 사랑에 젖어 본다. 한 남정네가 마루에 앉아 자리를 짜고 있다. 마당에서는 암탉이 모이를 쪼아 먹는다. 어미 닭을 따라 병아리 몇 마리가 종종걸음을 하는 평화로운 시간이다. 갑자기 암탉의 비명이 들린다. 고개를 들어보니 고양이 한 마리가 병아리를 물고

잽싸게 달아나고 있다. 남정네가 담뱃대를 집어 들고 후다닥 고양이를 향해 힘껏 내리친다. 고요한 정적은 깨지고 마당은 아수라장이다. 자칫 허리를 다칠지도 모르는 남편을 향하는 아내의 가슴이 철렁 내려앉는다. 해학적인 그 광경이 애틋하다.

초계탕을 더 풍성한 맛으로 즐기기 위해 방울토마토와 삶은 달걀도 준비한다. 국수 그릇에 면을 담고 초계 국물을 붓는다. 오이채와 파프리카, 절인 무를 돌려서 얹고 찢어 놓은 닭고기를 고명으로 올린다. 방울토마토, 삶은 달걀을 곁들이니 전문점에서나 볼 수 있는 비주얼이다. 초계 국물에 얼음을 곁들이니 '입술에 붙은 밥알도 무겁다'는 삼복더위가 깔끔하게 날아갈 것 같다.

초계탕을 젓가락에 걸쳐 음미해 본다. 여름 한낮에 더위를 달래던 등목처럼 등줄기가 서늘하다. 누군가를 위해 새콤하고 달착지근한 음식을 준비하는 시간이 사랑 아닐까. 그의 맑은 눈을 보니 생에 감사하다. 웃음과 눈물로 우리 모두 삶의 노래를 부를 수 있으니.

초계탕은 차게 식힌 닭 육수에 식초와 설탕, 소금으로 간을 하고 국수를 말아 먹는 음식이다. 사랑하는 이에게 여태 살아오며 서로를 옭아매었던 빗진 대가라 생각하며 정성으로 천천히 음식을 준비한다. 조급하던 마음도 구름처럼 사라진다.

놓칠 수 없는 여름의 맛 상추쌈

열흘 넘도록 폭염 경보가 이어진다. 찜통이다. 이 한마디가 일상을 장악하며 아침저녁도 없이 후끈거린다. 날씨 때문일까. 몸에 힘이 없고 축축 처진다. 입 안이 텁텁해서 자꾸 물을 마셔도 갈증이 나며 무기력해지는 느낌이다. 들숨에 빨려 들어오는 열기에 등줄기가 달아오르며 숨이 턱턱 막히고 머릿속이 멍하다. 시원한 물로 샤워하고 밖을 쳐다보니 햇볕이 불타듯 이글거리며 마당으로 내려앉는다. 아침 이슬을 머금은 텃밭 풍경이 힘없이 늘어진다. 호박잎은 가장자리가 축 늘어지고, 고추와 가지 이파리들도 살아나던 감각이 무너진다.

조운의 〈상치쌈〉을 읽고 또 읽는다.

절상추 두 손 받쳐 한입에 욱여 넣다
히뜩 눈이 팔려 욱인 채 내다보니
흩는 꽃 쫓이던 나비 울 너머로 가더라

동양화를 그리듯 표현이 절묘하다. 아직 덜 자라 한 줌으로 쥐어야 손바닥 가득 깔리는 절상추쌈을 먹으며 나비와 노닐고 있다. 바람에 흩어지는 꽃을 쫓아가는 나비가 울타리를 넘는다. 입에 미어터지게 쌈을 넣는 순간 처진 눈꺼풀이 올라가며 눈도 커진다. 한 쌈 크게 싸서 잇몸 드러내고 입을 크게 벌려 먹는 그 맛. 상추쌈이 내게 말을 걸어온다. 두 번째 쌈을 싸도 또 그 맛일까.

여름은 어머니의 손맛으로 온다고 했던가. 어린 시절 안방 건너 뜰에는 푸성귀가 흐드러졌다. 풋고추, 깻잎, 가지, 오이, 상추, 호박이 입맛을 돋우고 늘어진 몸을 일으켜 세웠다. 온 식구가 마당 평상에 둘러앉아 보리밥에 오이냉국 한 사발과 상추쌈 재료들을 마주하고 있다. 상추에 밥 한 숟갈과 양념 된장을 얹어 볼이 터지게 싸서 먹는다. 동생과 왁자지껄 떠들며 먹다가 웃음보가 터져 입안의 밥알과 상추잎이 주변에 튀곤 했다. 툭 분지른 풋고추를 된장에 찍어 먹는 그 맛을 잊을 수가 없다.

삼겹살이나 돼지고기볶음은 있었을까? 된장 빼곤 아무것도 없었다. 어머니가 보자기처럼 싸 주시던 달보드레 감칠맛 나는 상추쌈을 먹고 나면 몸에 초록 물이 들고 더위도 저편으로 물러갔다. 이젠 어디를 가도 먹을 수 없는 그 상추쌈, 상추 따던 웃음소리만 추억 속에 남아 있다.

넓은 상추 잎사귀를 보면 '포용'이라는 단어가 떠오른다. 일상의 찌든 감정을 감싸 주는 어머니의 품속처럼. 쌈채소 중에서 모나지 않은 맛과 향을 가진 것이 상추가 아닐까 싶다. 그래서인지 예로부터 상추는 많은 사람들로부터 각별하게 많은 사랑을 받아 왔다. 고려 때 원나라로 간 공녀들이 고국을 그리워하며 먹었던 채소도 바로 상추다. 쌈을 향한 애정은 신분의 격차를 가리지 않았다. 《승정원일기》 기록에 대왕대비였던 장렬왕후의 수라상에 상추가 올랐다니, 궁의 최고 어른이 먹는 모습은 어땠을지 궁금해진다.

상추는 본연의 맛을 해치지 않는다. 순한 성격에 배려하는 속성을 가진 채소다. 흐르는 물에 깨끗하게 씻어 주면 그만이다. 물기를 탁탁 털 때는 아물었던 상처들이 떨어져

나가듯 상쾌하다. 씻은 상추를 손으로 만질 때의 싱싱함과 입안에서 아삭거리는 느낌은 땡볕의 열기도 무색하게 가려진다. 칼이나 가위가 없어도 손으로 찢을 수 있어 간편하다. 많이 먹어도 포만감은 배가 되지만 부대낌이 없다.

상추는 매일 식탁에 올려도 좋을 버릴 것이 없는 건강 채소다. 여린 잎부터 솎아내 국, 나물, 겉절이, 김치, 부침개까지 해 먹는다. 말린 상추대는 나물과 장아찌로, 상추 뿌리는 한약 재료로 쓰인다. 상추에 들어 있는 풍부한 락투신 성분이 진정과 숙면에 도움이 된다니 얼마나 좋은가.

이참에 점심상은 봉숭아, 맨드라미 오종종 핀 마당 텃밭에서 상추를 따와 상추쌈 상차림이다. 맨 아래 잎부터 한 장씩 빙 돌려가며 따면 잎에서 푸르고 싱싱한 향이 난다. 손바닥 위에 찬물로 갓 헹군 상추와 깻잎을 얹고 밥 한 숟갈을 담는다. 상추쌈에는 쌈장이라 하지만 나는 두부 강된장을 좋아한다. 두부 강된장은 뚝배기에 된장, 고추장, 간 마늘을 넣고 각종 채소와 으깬 두부를 넣어 짜글짜글 끓이기만 하면 된다. 밥에 비벼 먹어도 한 끼 뚝딱이다.

두부 강된장과 멸치볶음이나 삼겹살볶음을 얹고 상춧잎으로 싼다. 음식이란 입으로만 먹는 것이 아니라 손으로도 먹고 눈으로도 먹는다. 두 손으로 움켜쥐고 우적우적 씹는다. 상추쌈이 입안에서 봄날 벚꽃처럼 화사하게 피어난다. 입안의 비빔 꽃밭이랄까, 꽃향기처럼 달콤하다. 씹노라면 식도를 지날 때마다 별미와 만나게 된다. 온갖 맛이 뒤죽박죽 어우러져 자지러진다.

채소잎의 풋풋한 맛에 구수하고 짭조름한 두부 강된장 맛, 윤기 흐르는 멸치볶음의 오독오독한 견과류 맛, 기름기 솔솔 풍기는 고소한 삼겹살 맛, 깻잎의 상큼하고 향긋한 맛은 상추쌈만이 누릴 수 있는 맛이다. 거기에 시원한 미역냉국이나 콩나물냉국을 훌훌 마시면 찜질방 같은 폭염이라 해도 그렇게 시원할 수가 없다.

상추쌈! 삼복더위로 지치고 나른한 날, 여름이 아니면 맛볼 수 없는 또 하나의 즐거움이다. 칼로리는 낮고 영양가가 많은 포만감의 대명사. 복부비만으로 더욱 지친 몸, 눈웃음이라도 나누며 상추쌈으로 S라인 몸매를 만들어 보면 어떨까 싶다.

넓은 상추 잎사귀를 보면 '포용'이라는 단어가 떠오른다.
일상의 찌든 감정을 감싸 주는 어머니의 품속처럼.
쌈채소 중에서 모나지 않은 맛과 향을 가진 것이
상추가 아닐까 싶다.

열아홉 살
청무꽃이 핀
열무김치

밤잠 뒤척이는 7월, 불볕 된더위에 온몸이 휘청거린다. 들풀의 뿌리들은 마른 대지를 헤집으며 물기를 찾는다. 새 울음소리도 바작바작 물기 없이 들려오는 아침, 시곗바늘이 물구나무처럼 서서 6시를 알린다.

물끄러미 바라보다 창 너머로 눈길을 보낸다. 산등성이를 넘어온 바람이 마당의 나무를 가슴으로 품는다. 살랑살랑 손짓하는 푸른 잎들을 보노라니 숨통이 트인다.

갑자기 소나기가 베란다 창을 두드리며 빗줄기를 긋는다. 굵은 빗방울이 뜨겁게 달아오른 대지를 달게 적신다. 텃밭 채소의 굽은 허리도 폭포수에 목욕한 듯 금세 파랗게 일어선다. 비가 바람의 지휘에 따라 난타 공연하듯 리듬을 타며 내린다. 창가에서 혼자 듣는 굵은 소리. 반가운 마음에 귀 기울여 본다.

빗소리 닿은 곳에 더위를 식혀 주던 오래된 풍경이 차오른다. 어머님의 깔끔한 돗자리만 한 부엌이 보인다. 그 부엌 창 너머 울타리 앞에 자그마한 텃밭이 있다. 이른 아침 일어나 계절 채소를 텃밭에 심고 나면 섬광 같은 그리움의 색채가 짙게 묻어났다. 그래서일까, 그 채소들은 아련한 수채화 그림으로 다가온다.

그리움이 깊은 쪽으로 머리를 두고 마음을 모아본다. 어머님은 여름 햇빛 짱짱한 날이면 열무김치를 담그셨다. 비밀 수장고처럼 잊을 수 없는 음식, 그게 열무김치였다. 힘들었던 시간의 강을 건널 때마다 회한과 그리움의 상처를 삭히며 생기를 준 음식이 열무김치다. 어쩌면 어머님의 삶이 녹아 있는 인생 여정의 음식이다. 아삭거리면서도 쌉싸름한 맛이 내게 스며든다.

'여린 무'에서 유래된 열무, 줄기와 잎이 싱그럽다. 배추보다 식감이 투박하나 부드럽고 시원하다. 열무김치를 담가 고추장과 참기름 넣고 쓱쓱 비벼도 좋고, 시원한 국수에 말아 먹으면 감칠맛과 새콤함이 어우러지며 온몸이 청량해진다. 그뿐인가. 더위로 지친 입맛을 되살리고 장 건강과 기력 회복에 탁월하다니 한여름을 나기에 이만한 재료가 어디 있을까.

그래서인지 어머님은 여름이면 텃밭에서 열무를 뽑아 김치를 담그고 아들 집에 배달하시곤 했다. 먼 길을 찾아오셨건만 홍조 띤 얼굴이 더위에 지친 기색이 없다. 희망의 끈인 아들을 볼 때마다 푸른 열무처럼 생기가 돋고 노랑나비가 날아든 듯하다.

열무김치 통을 내려놓으며 살아온 세월의 고삐를 슬그머니 풀어놓으신다. 1·4후퇴 때, 열아홉 살 열무처럼 싱그런 나이에 혈혈단신 피비린내 나는 전장을 헤치고 남으로 내려오셨다. 허기와 공포로 허우적대던 그 울음, 고향과 가족을 향한 그리움의 기억을 움켜쥐며 상봉의 그날을 기다렸다. 휴전선 철조망이 가로막혀 되돌아갈 수도 없어 서울로 원주로 부산으로 제주 신촌 바닷가에 발을 디뎠다.

살면서 왜 크고 작은 시련이 없었을까. 아버님이 뇌졸중으로 12년 동안 앓다 먼저 죽음의 길에 들어서도, 홀로 힘든 세월의 한을 삼키며 고단한 삶을 이겨 내셨다. 쓰러지지 않으려 마티다*를 새기며 쓰라림도 고된 시련도 겁내지 않았다. 오로지 아들의 성공만을 기원하셨다.

얼마 전 어머님 기일이 지났다. 오늘따라 어머님의 열무김치가 더욱 그리워진다. "열무에 상처를 내면 풋내가 난다. 여린 몸에 칼을 대지 말아라" 하시던 말씀이 귀에 걸린다. 피눈물 나지 않게 아기 다루듯 해야 풋내가 나지 않는다니 다시금 나 자신을 돌아본다. 과연 나는 주어진 삶을 열무김치처럼 살아왔는가. 풋내가 나고 뻣뻣하게 내 멋대로 살아오지는 않았을까.

열무김치를 담근다. 텃밭의 탱탱한 열무를 뽑아 다듬는다. 물에 살살 헹궈 절인다. 불린 보리쌀을 삶아 식히면서 파와 마늘, 고춧가루와 붉은 고추를 준비한다. 양념을 준비하다 보니 어렵사리 속내를 드러내 보이시던 병중의 어머님 말씀이 가슴을 저민다. "건강해지면 이웃이 많은 아파트에서 살고 싶구나." 그땐 왜 몰랐을까. 텃밭을 가꾸면서 혼자 자유롭게 사시도록 하는 것이 어머님을 편하게 해 드리는 일인 줄 알았는데 그게 아니었다. 자식으로서 도리를 다 못한 죄스러움만 남는다.

여러 가지 생각을 하다 보니 열무가 적당히 숨이 죽었다. 깨끗이 씻어 채반에 올려놓고 물기가 빠지기를 기다린다. 붉은 고추도 믹서에 갈면서 마늘을 넣어 간다. 보리밥 한 덩이도 믹서에 갈고 다진 파와 고춧가루, 액젓과 새우젓으로 맛을 낸다. 절인 열무에 모든 양념을 넣고 살살 버무린다. 질박하게 노을처럼 붉게 물든 국물이 보기에도 맛나 보인다.

이 세상 소풍 끝내고 노을빛과 놀다가 구름 손짓하며 하늘로 돌아간다던 시인의 〈귀천〉처럼 서천의 어머님은 지금 어디쯤 계실까. 굽이굽이 고달픈 인생길 넘어오신 그 자리가 붉어서 섧고 애달프다.

신촌 마을의 작은 집 한 채가 노을 속으로 저문다. 멈춰버린 청천강에 열무 꽃잎 한 송이를 띄워 본다. 삶의 옹색함 속에서도 청무꽃을 피우려고 그렇게 한세상 살다 가신 어머님. 가뭄이 들고 시름 많은 들녘을 만나면 비가 되어 메마른 땅을 적셔 주리라. 청무꽃으로 식탁에 피어난 열무김치가 그리움으로 아삭거린다.

* 마티다 : 쓴맛, 단맛 다 겪으면서 온갖 시련을 견디어 내다(북한어)

어른의 맛으로 깨닫는 가지덮밥

마당 한편에 작은 텃밭이 있다. 삽으로 땅을 일궈 놓고 무엇을 심을까 생각에 젖는다. 오미五味 상차림으로 꾸밀까, 오방색 채소를 그려 낼까. 생각 끝에 고추와 가지와 오이는 모종을 사서 심고, 상추와 대파는 씨앗을 흩뿌려 놓았다. 그루갈이로 자리매김을 끝내니 대지가 살아난다.

어떻게 해야 잘 키워 낼 수 있을까. 옛 어른들은 '선농일체禪農一体'라 하여 농사는 참선하는 일과 다름없다고 했다. 초보 농사꾼인 나는 어린아이 키우듯 그들을 가슴에 품으며 정성을 기울여 본다. 메마른 땅에 물을 주고 엉킨 잡풀을 뽑으며 기어드는 해충이 있는지 살핀다. 햇빛과 바람을 이웃하며 오종종 정답게 마을을 만들어 간다.

고추는 고맙게 비닐을 씌우지 않아도 잘 자랐다. 바람에 꺾일까 봐 지지대를 세우고 끈으로 묶고 보니 한 줄로 선 어린이 같다. 뒷집에서 이사 온 꽈리고추는 그 옆에서 하품하며 축 늘어져 있다. 흙을 살살 만지며 호미로 등을 긁고 물을 뿌려 주었더니 어깨를 펴고 일어선다.

곁가지 순과 처음 달린 열매는 따 주어야 결실이 좋은데 그러지 못했다. 첫 자식을 그렇게 보낼 수는 없는 일. 아픔으로 와 그냥 둔다. 잎이 여러 개 달리더니 흰 고추꽃이 이팝나무꽃 피듯 피었다. 저마다 시계를 가졌는지 차례차례 꽃이 피고 진다. 꽃이 지고 나니 고추 줄기가 굵어지면서 열매를 내놓는다. 한낮 날빛의 불을 켜고 초록 고추가 익어 간다. 빨간 고추가 달린 텃밭은 첫사랑만큼 뜨겁다. 그 열정이 스며든 흙냄새가 맵다.

오이도 꽃을 피우더니 손가락만 한 열매가 달렸다. 상큼한 향을 내뱉으며 하루가 다르게 쑥쑥 자란다. 대나무로 울타리를 치고 다른 식물을 옭아매지 않도록 마당 구석에 있는 광나무에 줄을 쳐 기대게 했다. 웃음조차 숨기고 보일 듯 말 듯 꽃잎 속에 있는 노란 오이꽃은 민낯이지만 화사하다.

그즈음 대파의 흰 줄기가 꼿꼿하게 솟아오르며 의지의 감탄사를 쏟아낸다. 상추 푸른 잎도 살랑거린다.

가지를 자주 들여다본다. 꽃도 줄기도 열매도 내가 좋아하는 보라색이다. 암술 무릎에도 못 미치는 노란 수술이 암술 두 개를 둘러싸고 있다. 넓적한 잎사귀에 올라타 넘나드는 무당벌레가 있을 뿐, 윙윙거리는 꿀벌은 볼 수가 없다. 암술은 바람이 불면 수술에서 뿌려지는 황금빛 꽃가루의 입맞춤으로 잉태하리라. 칼칼한 햇살 아래 펼쳐지는 신비스러운 풍경이다.

보라색 작은 열매가 달랑달랑 매달려 있다. 사랑에 빠져 꿈을 꾸는 것일까. 어느 작가의 말처럼 '냉정과 열정 사이를 서성거리는 여자의 난해한 눈빛 같은 색'이라던 색과 같이 꿈을 꾸며 산다는 건 행복이 아닐까.

어린 시절 나는 가지를 싫어했다. 생으로 먹으면 입안이 아리고, 익히면 물컹하며 흐물거리는 식감이 입맛을 잃게 했다. 그렇지만 나이가 들면서 입맛이 변한 것인지 가지를 자주 찾게 된다. 올여름엔 볶음으로, 튀김으로, 무침과 덮밥, 장아찌까지 두루두루 해 먹는다. 그중에서 덮밥은 여러 반찬이 없을 때 가장 좋다. 중식 재료가 들어가 별식처럼 느껴져 폭염을 이겨 내는 데 안성맞춤이다.

오늘도 바깥 날씨가 33도라고 한다. 어향소스를 넣고 돼지고기와 가지를 볶아 덮밥을 만들 참이다. 살짝 걸쭉하게 만들어 밥 위에 올리면 달아나던 입맛이 돌아온다. 마파두부 만드는 방법과 비슷하지만, 두부 대신 가지를 넣으며 안토시아닌의 색다른 맛이다.

가지를 어슷하게 썰어 살짝 굽고 돼지고기 다짐육은 종이행주로 싸서 핏물을 뺀다. 두반장과 굴소스에 간장, 고춧가루를 섞어 양념장을 만든다. 팬에 기름을 두르고 대파와 다진 마늘을 넣어 노릇하게 볶는다. 따끔한 매운맛을 보여주고 싶다면 청양고추를 몇 개 썰어 넣으면 입안이 짜릿해진다. 더위로 가라앉던 몸이 달아오르며 정신이 번쩍 난다.

돼지고기 다짐육에 후추와 맛술을 넣고 누린내 없이 볶다가 돼지고기가 잘 익으면 물을 조금 붓고 가지와 양념장을 넣고 볶는다. 전분물을 만들어 농도를 조절한다. 마지막에 참기름을 살짝 두른다. 기름을 머금은 가지는 양념과 어우러져 이질감 없이 입안을 훑으며 지나간다. 완숙된 감칠맛이다. 한참 뒤에야 그 맛이 어른의 맛이라는 것을 깨닫는다.

텃밭에 앉으면 생각이 깊어진다. 농부의 마음이 이런 것일까. 거짓 없는 정성의 열매만이 의미 있게 다가온다. 결실이 적으면 어떠랴. 나만의 기쁨으로 족하다. 설익은 풋것들을 우두커니 바라보고 있노라면 내 삶에도 씨방 하나 움틀 것 같아 겸손해진다. 흰 나비 한 쌍이 우아한 몸짓으로 춤을 추며 가지 잎에 날아든다.

어린 시절 나는 가지를 싫어했다. 올여름엔 볶음으로, 튀김으로, 무침과 덮밥, 장아찌까지 두루두루 해 먹는다. 그중에서 덮밥은 여러 반찬이 없을 때 가장 좋다.

가을

너럭바위에 핀 소금꽃의 경전

소금빌레

애월 구엄리 바닷가 수평선에 드리운 붉은 햇덩이가 다홍치마처럼 곱디곱다. 서쪽 하늘로 사위어 가는 붉은 노을은 이별의 손짓인가. 빛다른 감흥을 불러오며 내 마음도 노을빛에 젖어든다. 노을의 시간을 실은 바다는 춤추는 무희처럼 윤슬로 눈부시다.

고요한 바닷가에 서니 해안이 통째로 선명하게 들어온다. 드넓게 펼쳐진 하늘과 바다, 은밀하게 합일된 그곳을 응시하면 할수록 간만의 채움과 비움 명상이 된다. 욕망으로 흐트러지고 꼬였던 생각을 꺼내 풀어내며 헹군다. 허공을 뚫고 날갯짓하는 갈매기들이 줄지어 포구에 내려앉는다. 바닷물은 거무튀튀한 현무암 사이 물웅덩이에 갇힌 채 밀려왔다가 밀려가기를 반복하고 있다. 어디선가 까르르 웃는 아이들 소리에 방게들이 몸을 감추려 부산하게 움직인다. 순간 해안가는 오로라 같은 아름다운 노을빛을 보려는 사람들로 북적인다.

배낚시를 나갔던 고깃배가 돌아오는 노을빛 저녁 바다가 호수처럼 잔잔하다. 한낮의 화덕 같은 열기로 물기가 마르고 나면 조용했던 마을은 어부들의 구릿빛 얼굴로 빛이 난다. 방파제의 도대불*은 호롱불을 밝힌 듯 의연하게 우뚝 서서 바닷길을 안내한다. 해풍에 그을린 덜퍽진 너럭바위는 단단한 근육질의 이미지로 다가온다. '소금빌레'라 일컬어지는 소금밭, 돌염전이다.

해안 누리길의 안내판을 나릿나릿 들여다본다. 설촌 유래에 따르면 엄정포라 불렀던 구엄리. 조선 명조 때 염전이 없는 척박한 제주에 부임한 강려康慮 목사는 소금을 쓸 수 없는 민초의 괴로움과 아픔을 가슴에 담았다. 그는 제주 해안을 돌고 돌다가 구엄 포구에서 발걸음을 멈췄다. 긴 해안선을 따라 넓은 바위로 이루어진 1,500평의 소금빌레. 그의 지혜가 섬광처럼 빛나 소금꽃의 경전을 펼쳐 주었다. 넓은 돌바닥 위에 거북이 등처럼 구획을 정리하여 찰흙으로 빚어

둑을 만들고 무쇠솥 장작불 대신 햇볕 건조 방식의 소금 제조법을 가르쳤다. 마을 사람들은 소금빌레에 기대어 390년 동안 소금꽃으로 인생 꽃을 피워 냈다.

구엄의 여인들은 차마고도 천년 염장 아낙네들처럼 허벅에 바닷물을 담고 돌길을 걸어올라 독에 부었다. 그 일은 천근만근 뼈와 살을 녹이는 고통의 시간이었다. 눈물도 깊은 한숨도 고단함도 너럭바위 위에 부려 놓았다. 염부의 땀방울과 눈물이 염전 밑거름이라고 하니 어쩔 것인가. 먹고 사는 일이 포도청이라 짠내를 품은 바닷물을 햇볕과 바람, 구슬땀으로 말리며 응집시켜 보석 같은 소금꽃을 피워 냈다. 그래서 돌염전의 천연 천일염 맛은 단맛이 나지 않았나 싶다. 구엄 여인의 갈중이와 뼈마디에서 빛이 난 소금은 장사꾼 등에 업혀 남동쪽 용흥리에서 서남쪽 소길리까지 구석구석 누볐다. 소금 가마니를 얹은 삶의 무게가 얼마나 무겁고 버거웠을까.

우리 삶에 소금만큼 중요한 것이 어디 있을까. 소금으로 장을 만들고 나물을 무치고 조림을 해 왔다. 식재료의 풍미를 살리고 방부제로 약으로도 사용되며 많은 이야기를 품은 소금은 우리 삶과 함께해 왔다고 해도 무방할 것이다.

그래서 소금을 가벼이 여기지 못하는 게 아닐까.

인류 역사를 보면 소금의 힘은 대단하다. 영국의 소금 전매권에 저항한 간디. 25일간의 '소금 행진'은 그 위력을 말해주는 사건이었다. 소금 교역으로 부를 축적하기도 하고 노예를 매매하기도 했다. 또한 소금 확보를 위해 전쟁을 불사하기도 했고 소금으로 평화가 오기도 했다. 세례 받는 아이 입술에 소금물을 찍고 세상의 소금이 되라고 왜 했을까.

생각에 잠기다 보니 어느새 너럭바위에 어둠이 내려앉는다. 소금꽃이 피었던 그 자취를 보니 소금도 물도 귀한 신산辛酸했던 어린 시절의 김장철 기억이 가물가물 기어오른다. 그때는 무와 배추를 지고 가 바닷물에 씻어 바위틈에 돌로 눌러 절이고 헹구었다. 갈 때는 가볍던 무와 배추가 돌아올 때는 왜 그리 무겁던지, 힘이 찰 때마다 발자국 숫자를 세며 오던 기억이 아련하다.

소금빌레, 나직이 읊조려 본다. 오랜 세월을 속삭여 온 단어 같지 않은가. 그 이름 앞에 서니 겸손해진다. 밭에서 꽃이 피어 열매를 맺듯 돌염전에서 피워 낸 소금의 간간한 맛이 지나가는 바람처럼 달달하고 안온하게 다가온다. 단맛에 밀리고 감칠맛에 더 밀렸던 짠맛이 너른 바닷물에 녹아

낸 깊은 맛으로 살아난다.

마당 장독대의 장맛과 젓갈의 맛도 소금이 다독이며 군맛 방패막이 되어 주었다. 찌개나 국을 끓이고 장아찌를 만들어 맛있는 밥상을 누리는 것도 소금 덕이다. 생선 비린내도, 부패도 잡아 주는 것이 소금 아닌가. 항아리 속에서 기다림과 삭힘의 미학이 깃든 젓갈을 갓 지은 밥 위에 얹어 먹어 보라. 입안에 퍼지는 개운함으로 쌓인 스트레스가 허공으로 날아가리라. 힘든 삶에 소금의 힘으로 에너지가 생기고 위로가 되어 줄 것이다.

살아 보니 소금은 혀끝의 간만 맞추는 것이 아니었다. 어머니에게 소금은 자식을 위한 희망이었다. 소금을 항아리에 담고 신주 모시듯 현관에 놓곤 했다. 정제된 소금이 외부의 액운을 물리칠 수 있다고 믿고 이사 때마다 구석구석 뿌리곤 했다. 비손으로 불운을 벗어난 삶을 바라던 어머니의 주름진 모습이 선연하다.

소금만 짠 게 아니었다. 인생에도 짠맛과 감칠맛이 넘나든다. 안일하고 게으른 자의 세월 뒤편에는 무자비하게 후려치는 쓰디쓴 짠맛이 버티고 있다. 그래서 역경을 이겨 내는 고난을 하얀 소금꽃으로 말하기도 하는 것이 아닐까 싶다. 소금꽃은 웃음꽃으로 되살아나 희망을 주기도 한다.

포구를 걸으며 소금빌레의 너럭바위를 바라본다. 뜨거웠던 발바닥을 위로 향하고 가부좌를 틀고 있다. 큰딸에게만 상속된다는 소금빌레. 찬연했던 과거의 시간이 멈추지 못한 채 흐르는 듯하다. 뙤약볕에 달구고 바람의 담금질로 영근 사리 같은 알갱이, 여인의 간절했던 단꿈이 찬연했던 그곳에 은은히 번지며 용솟음친다. 나의 삶에도 그 숨결의 소금꽃이 필 수 있을까.

소금 자루처럼 가슴에 담았던 울음이 해를 끌고 온 붉은 노을 속으로 젖어든다. 한치잡이 배들이 짠맛으로 절인 밤바다에 불빛으로 수를 놓는다. 불빛은 파도 위에서 춤을 추고 나는 소금빌레에 서서 녹아든 소금꽃의 경전을 읽는다.

* 도대불 : 현대식 등대 도입 전의 제주 민간 등대

그날은 빙떡도 웃었다
빙떡

가을비가 촉촉이 내리는 날 와흘* 모믈 축제밭을 찾았다. 한라산과 오름 자락이 보이는 넓은 메밀밭은 눈이라도 내린 듯 하얀 메밀꽃으로 흐붓하게 물들어 있다. 푸른 들판과 어우러진 풍경은 농경의 신 '자청비'도 놀랄 만한 수채화 실루엣으로 펼쳐진다.

가족끼리 연인끼리 축제장은 인파로 들끓는다. 바람결에 넘실거리는 메밀꽃밭, 메밀 밭길 따라 스치는 정감 어린 발자국, 인증 샷을 남기려는 포토 존의 '찰칵찰칵' 소리, 먹거리의 감칠맛 나는 냄새가 오감을 자극한다.

메밀밭을 한 바퀴 돌아 나오다 먹거리가 있는 곳을 들여다보았다. 빙떡 파는 곳에 눈이 꽂힌다. 빙떡은 메밀가루로 만든 제주 음식으로, 강원도의 메밀총떡과 비슷하다. 이름도 지역에 따라 달라 제주시에서는 빙빙 만다고 해서 빙떡, 서귀포 지역은 정기떡, 대정 지역은 빈賓, 빈떡이라 부른다. 척박한 땅에서 가난한 살림이지만 명절이나 제사, 특별한 행사 때 빠지지 않았다.

빙떡 한 팩을 사서 먹고 나니 어린 시절의 외할머니 빙떡이 떠오른다. 할머니 빙떡은 좋아하지 않는 사람도 서너 개를 먹을 정도로 묘하게 당기는 맛이 있었다. 그래서인지 이웃과 친척들이 빙떡 할망이라 불렀다.

작은외삼촌 제삿날이었다. 부엌에서는 어머니와 외숙모가 적갈과 옥돔을 숯불에 굽고 나물을 준비하느라 바쁘다. 할머니는 빙떡을 만들려고 부엌 앞에 봇돌을 건다. 통시(변소)돌은 부정 탄다며 울담에서 돌 세 덩이를 가져와 삼각대처럼 반듯하게 놓는다. 머리에 수건을 쓰고 소맷자락 걷어올린 눈빛이 남다르다. 손놀림도 빨랐지만 흐트러짐 없이 모든 게 정성이다. 땔감도 가지런히 봇돌 옆에 두고 솥뚜껑과 차롱, 빙떡 재료도 깔끔하게 준비한다.

할머니가 맷돌에 갈아 둔 메밀가루를 양푼에 넣고 찬물로 걸쭉하게 풀어 준다. 메밀가루 반죽은 찰기가 적어 밀가루 전보다 물을 조금 더 넣어야 얇게 지져 낼 수 있다. 주걱으로 휘저은 후 반죽을 국자에 담아 위에서 양푼으로 떨어뜨린다. 마치 고단했던 시간을 반죽에 담아 흘려보낸 듯 묽은 농도가 부드럽다.

아궁이에 나뭇가지를 넣어 불을 지피자, 불씨가 뒤엉키며 타오른다. 지나온 세월의 불꽃이 너울너울 춤을 추며 이글거린다. 부지깽이로 뒤적거리며 할머니 옆에 앉아 불멍에 빠져든다. 불꽃을 더 키우려 나뭇가지를 마구 밀어 넣었더니 타던 불 숨이 넘어간다. 매캐한 연기가 머리 위로 퍼지며 마당까지 자욱해 눈을 뜰 수가 없다. 굵은 나뭇가지를 몇 개 꺼내 불길을 열어 주니 불꽃이 타오르며 연기가 가라앉는다.

속 재료는 메밀과 찰떡궁합인 무나물이다. 찬 성분의 메밀은 무를 만나 소화를 돕는다. 달착지근한 겨울 무를 가늘게 채 썰어 끓는 물에 소금을 넣어 삶는다. 양푼에 건져 쪽파와 깻가루를 넣어 버무리면 고소한 냄새가 코끝에 날아와 앉는다. 그 향긋한 냄새가 집 안을 적시고 바람 타고 울담을 넘어간다.

할머니가 봇돌 위에 솥뚜껑을 뒤집어 놓으며 말을 뱉는다.

"목 안 년아. 솟두껑 뜻뜻해지믄 놈삐 대가리에 돗기름 묻형 따끄라(제주목 안에 사는 것아, 솥뚜껑이 따뜻해지면 무 머리에 돼지 기름 묻혀 닦으라)."

검은 솥뚜껑이 번들거리며 달아오른다. 할머니가 그 위에 반죽을 한 국자 떠서 바깥쪽부터 동그랗게 그려 나가니 흰 보름달이 떠오른다. 보름달엔 옥토끼도 없고 계수나무도 없다. 할머니의 눈물로 눈동자도 초점을 잃어버린다. 빙떡을 좋아하던 두 아들, 4·3사태의 감시와 두려움으로 떨던 어느 날 홀연히 사라져 버렸다. 젖은 맨발로 이 동네 저 동네 찾아 헤매며 물어봤지만, 생사를 알 길이 없었다.

애끓는 할머니 심정을 누가 알까. 숨죽이며 흐느끼던 가슴의 터진 구멍을 무엇으로 채울 수 있었을까. 흐르는 눈물은 누가 닦아 줄까. 나라도 따스한 말 한마디 못해 드린 미안함과 후회스러움이 가슴을 아프게 한다.

불타 버린 흔적만 남은 중산간 상효리 마을. 남은 자식들과 살아야 했기에 어쩔 수 없이 아랫동네 신효리로 넘어왔다. 4·3사건으로 자식도 잃고 고향도 잃었다. 어떻게 살아냈을까. 할머니의 "속솜ᄒᆞ라"던 통곡이 들리는 듯하다. 할머니가 얼굴에 묻은 재를 닦으며 차롱 뚜껑을 뒤집어엎는다.

메밀전을 차롱 위에 놓으며 펴시더니 웃음 띤 얼굴로 말씀하신다.

“느도 ᄋᆢ래 ᄂᆞᆷ삐 ᄉᆞᆱ은 거 ᄒᆞᆫ 줌 낭으네 멍석ᄀᆞ치 뱅뱅 ᄆᆞᆯ아 ᄇᆞ라, 끄트멍이랑 꼭 눌르곡(너도 여기 무 삶은 것 한 줌 넣어 멍석처럼 빙빙 말아보라. 가장자리는 꼭 누르고).”

빙떡을 말고 있는 나를 보시더니 “손매가 서툴러도 베르싸지지 안으게 잘도 잘햄져” 하며 벌어지지 않았다고 칭찬해 주는 말에 안도의 숨을 쉰다. 빙떡은 낮은 오름처럼 봉긋하다. 할머니는 빙떡을 보며 무슨 생각을 했을까. 돌아오지 않는 아들을 원망했을까, 시절을 원망했을까. 그날을 잊지 않으려고 아들이 좋아하던 빙떡을 지지게 될 줄이야…. 긴 세월의 아픔도 슬픔도 겨울 무채의 몸짓과 버무려진 빙떡 속에 녹아 눈물져 온다.

지지다 보니 빙떡이 차롱 한가득하다. 할머니가 빙떡 몇 개 접시에 담으면서 “설룬(불쌍한) 아덜아, 혼저 먹으라” 하며 빙떡 접시를 제물상 한쪽에 조심히 놓는다. 그러고는 “이걸랑 건들지 말라, 제사상에 올릴 거여” 하고는 마치 아들을 본 듯 부드러운 미소를 보낸다. 그 얼굴이 메밀꽃보다 더 고우시다. 접시의 빙떡도 덩달아 웃는다.

할머니가 차롱에서 터진 빙떡을 꺼내 내게 건네며 입안에 한 조각 넣는다. 씹으니 슴슴하다. 내가 무나물 있는 곳만 쏙 베어 먹어 가장자리는 할머니 몫이다. 할머니도 이 슴슴한 빙떡이 맛있었을까. 어쩌면 짭짤한 짠맛이거나 거칠고 떫은맛이어도 아들을 만난 듯 단맛처럼 느끼지 않았을까. 매일 다람쥐 쳇바퀴 돌 듯 이 맛도 저 맛도 아닌 단조로운 나의 일상과는 다른 맛이었지 않나 싶다. 무채에 깻가루 뿌려 고소한 맛을 내듯, 고달픈 삶에서 할머니 빙떡처럼 먹어도 질리지 않는 그런 맛이 그리워진다.

비는 멈추고 살랑거리는 바람에 꽃잎이 흔들리며 가을을 끌어낸다. 지는 꽃잎 쓸어 주던 할머니 빙떡이 메밀꽃 향기에 젖어 흩날린다. 축제장을 빠져나가는 어린아이가 흥얼거리는 빙떡 송 '빙떡 먹으레 옵써'가 귓전을 두드린다. 옛날 할머니 빙떡이 웃으며 내게 말을 걸어온다.

"나도 살아시메 빙떡 하영 먹고 춤으멍 웃으멍 살라."

* 와흘 : 제주시 조천 와흘

속 재료는 메밀과 찰떡궁합인 무나물이다. 찬 성분의 메밀은 무를 만나 소화를 돕는다. 달착지근한 겨울 무를 가늘게 채 썰어 끓는 물에 소금을 넣어 삶는다. 양푼에 건져 쪽파와 깻가루를 넣어 버무리면 고소한 냄새가 코끝에 날아와 앉는다. 그 향긋한 냄새가 집 안을 적시고 바람 타고 울담을 넘어간다.

까칠하게 살아도 괜찮아 **비빔밥**

드라마 〈내 이름은 김삼순〉은 시청률 50%로 신드롬에 가까웠다. 뚱뚱한 외모와 촌스런 이름으로 콤플렉스를 갖고 있지만 전문 파티시에로 당당히 살아가는 30대 김삼순의 삶과 사랑을 경쾌하게 그려낸 드라마.

김삼순에게는 늘 달콤한 냄새가 났다. 하지만 그녀의 삶은 달달하지만은 않았다. 지금은 노처녀라고 할 수 없는 서른 살이지만 뚱뚱하고 별 볼 일 없는 삼순은 자신을 향한 여러 시선이 늘 부담스러웠다. 학벌 좋고 자격증에 스펙을 쌓고 쌓아도 남자들은 나이 들고 뚱뚱한 여자에게 결코 우호적이지 않았다.

결혼 적령기 남자들이 소개팅을 받으면 자신은 아저씨급

뱃살에 부실한 하체라도 먼저 하는 질문이 있다. 그들이 원하는 타입은 뻔하다. “얼굴 예뻐? 날씬해?” 그렇다고 연예인 김태희나 이영애 같은 타입을 원하는 것도 아니다. 자신이 부족함을 알면서도 수수함과 청순미를 갖춘 예쁜 여자를 원하는 것이다. 여기에 상큼하고 밝은 캔디 같은 성격을 지니면 더할 나위 없다.

김삼순이라고 왜 다이어트를 하지 않았겠는가? 실패에 실패를 거듭했으리라. 크리스마스이브 날, 연인과 기쁨을 나누어야 할 시간에 3년 동안 사랑했던 삼순은 미모의 여자와 바람피우던 남자 친구에게 처참하게 차인다. 삼순은 남자 화장실에서 오열한다. 헝클어진 머리, 두 줄기 시커먼 눈물자국, 숨 막히는 코르셋을 벗느라 반쯤 벗어젖힌 블라우스, 통통한 다리는 귀곡 산장 여인이라고 할까. ‘각설이 타령’의 여주인공 같기도 했다. 노크 소리에 놀란 그녀가 “사람 있다고요, 있어요!” 하고 따발총처럼 쉬지 않고 외치는, 슬픔에 북받친 목소리에 감정이입이 되어 가슴이 아렸다.

뚱뚱한 사람의 배고픔을 어찌 누가 이기랴. 실연의 아픔도 허기를 넘지 못하고 백기를 든다. 연인과의 이별과 실직으로 속을 태우면서 자다 말고 일어나 큰 주걱으로 양푼에 보리밥을 푹푹 푼다. 냉장고를 뒤적여 열무김치와 몇 가지 나물을 올리고 고추장과 참기름을 듬뿍 넣어 아픔까지 쓱쓱 비빈다. 사랑했던 감정, 그와 함께했던 추억, 보고 싶은 마음을 한 그릇에 비벼 한입 가득 담고 슬픔과 함께 삼킨다. 곁들인 소주 한잔에 그간의 시름이 혈관을 타고 내리며 조금씩 사그라든다. 가족 몰래 눈물 젖은 비빔밥을 먹고 나서야 비로소 이별 신고식이 끝을 맺는다.

"인생 뭐 별거 있어? 내일부터 잘 살면 되지."

비빔밥은 상처받은 사람만 먹는 음식은 아니다. 제사를 지내고 난 후 제사상에 올린 음식을 비벼 고루 나누어 먹는 '음복'이라는 풍습에서 유래되었다는 이야기도 있다. 어렸을 적 섣달그믐날 남은 밥에 반찬을 모두 넣고 양푼에 비벼서 밤참으로 먹었던 기억이 떠오른다. 어쩌면 묵은 음식을 처리하고 새해를 맞아 다시 일어서 보겠다는 안간힘이라고나 할까.

그뿐인가. 할리우드 스타들이 살 빼기 비결을 공개하는 TV 프로그램에서 날씬한 몸매의 비결로 비빔밥을 꼽았다니 놀랍지 않은가.

갖은 나물과 양념한 다진 고기를 넣고 밥 위에 달걀부침을 하나 올려놓으면 잘 가꿔진 화원을 옮겨 놓은 듯 아름답다. 여기에다 빨간 고추장과 참기름을 넣고 오른쪽 왼쪽으로 돌려가며 비비면 가슴에 쌓인 울혈이 즐거움으로 흘러내린다.

비빔밥은 쓴맛, 매운맛을 끌어안고 손의 정성과 여러 재료의 맛으로 자신의 삶을 받아들이겠다는 다짐이다. 냉장고에 있는 반찬들을 한꺼번에 쓸어 넣고 고추장으로 비빈 비빔밥만큼 우리를 위로하는 음식도 드물다. 한 숟가락 퍼서 입에 넣는 순간 응어리진 가슴이 풀어진다. 화가 나서 분이 풀리지 않을 때, 스트레스가 쌓이거나 무기력하다고 느껴질 때 생각나는 음식이 바로 비빔밥 아닐까 싶다.

비빔밥을 먹고 난 삼순은 그 순간을 딛고 일어서야 한다는 것을 안다. "괜찮아, 생각보다 괜찮아. 까칠하게 살기로 결정했어" 하는 장면에서 나는 삼순에게 고개를 끄덕이며 박수를 보냈다.

과연 지금 모습이 나의 전부인가 생각해 본다. 사회생활을 하면서 나도 모르는 사이에 겉으로 드러난 이미지가 각인된

것은 아닌가. 사람들이 무심코 던지는 말에 너무 쉽게 휩쓸리며 타인의 기대에 부응하기 위해 나를 위장해 온 것은 아닐까. 숨어 있던 나를 마주하는 순간, 생각보다 나를 품고 있던 많은 것들이 보이고 자신이 얼마나 귀한 존재인가를 느낀다.

행복은 어디에서 오는가. 아침형 인간으로 살며 큰 꿈만 꾸고 풍성한 열매가 떨어지기만을 기다리지는 않았는지 모르겠다. 지나고 보니 불행하다고 느끼면서 웅크린 시간도 모두 내 삶이었다. 진정한 나를 찾고 지켜 내는 것은 결국 나와 마주 설 수 있는 용기였다.

오늘이 마지막인 것처럼 한 번도 상처받지 않은 것처럼 나를 더 사랑하고 싶은 김삼순. 찜질방 양머리를 유행시킨 그녀. 때론 현실과 타협할 줄도 알고 해야 할 일은 열심히 케이크를 굽고 사랑하는 것이라 한다.

"행복하게 살기도 바쁜데 닥칠지 안 닥칠지도 모르는 일을 미리 걱정할 필요 없어. 뒤도 돌아보지 말고, 미리 걱정도 하지 말고 하루하루 열심히 살면 되는 거야."

가난과 상처로 아무것도 먹지 못하고 누워 기력이 없어 숨도 제대로 쉴 수 없던 날, 누군가 비빔밥을 만들어 같이 먹어 줄 사람이 있었다면 조금은 덜 힘들지 않았을까?

처절한 몸부림 속에서도 나를 보듬고 사랑해야 한다는 것을 가르쳐 주는 위안의 음식, 비빔밥. 오늘도 주방에 서서 비빔밥을 만들려고 칼질을 한다. 온갖 나물과 매콤한 고추장과 고소한 참기름, 밥의 힘으로 일어서라는 음식이 내게로 오니 삼순처럼 달콤하게 춤을 출 수 있으리라.

비빔밥은 쓴맛, 매운맛을 끌어안고 손의 정성과 여러
재료의 맛으로 자신의 삶을 받아들이겠다는 다짐이
아닌가 싶다. 비빔밥만큼 우리를 위로하는 음식도 드물다.
한 숟가락 퍼서 입에 넣는 순간 응어리진 가슴이 풀어진다.

쉼표가 필요한 날엔 눈장이 범벅

마을 어귀의 메밀밭, 팝콘 터지듯 새하얗게 꽃을 피우고 있다. 흐드러지게 핀 메밀밭은 꽃의 바다라고나 할까. 젊은 남녀가 그 바다에 첨벙 뛰어들었다. 개인 사유지라 새끼줄을 치고 주의 사항 팻말을 세웠지만 아랑곳하지 않는다. 사랑의 약속을 남기려는지 셀카를 누르고 있다. 꽃말이 '연인'이었던가. 말하지 못한 숨겨 둔 마음이 꽃잎에 떨어진다. 바람 따라 몸을 움직이며 깔깔 웃는다.

멀리 보이는 숲과 오름은 이들이 전하는 사랑 이야기로 수런거린다. 방향을 알 수 없는 바람이 허공을 채우다 꽃잎에 구두점을 찍는다. 꽃잎에 쓰인 대화가 빛으로 반사되며 퍼져 나간다. 분설粉雪을 뿌려 놓은 듯 포옹하고 싶다는 달콤한 유혹에 사로잡힌다. 메밀꽃을 보며 언저리에 자리 잡고 있던 혀끝의 맛을 떠올려 본다.

찬바람 불고 비가 내리는 날이면 구좌 송당이 고향인 앞집 삼촌은 고구마를 듬성듬성 썰어 넣은 는쟁이범벅을 만들어 나눠 주었다. 그런 날은 신나기보다 시큰둥해지며 입꼬리가 처졌다. 철없는 동생은 맛없다며 찡그린 얼굴로 툴툴거린다. 그 모습을 보고 어머니는 깊은 한숨을 내쉬며 범벅으로 배를 채웠던 이야기를 들려주었다.

"난 두린(어린) 때 모두 가난행 는쟁이범벅도 졸바로(똑바로) 얻어 먹지 못했저. 밧디(밭에) 강 일을 허젠 허믄 범벅 만들엉 광목천에 쌍(싸서) 강 그것 한 덩이 먹엉 종일 일을 했저. 무사 식솔은 함광(많은지)."

어린 시절 먹을거리가 많지 않아 는쟁이범벅도 많이 먹지 못했다며 말문을 열었다. 하루 종일 범벅 한 덩어리 먹고 밭일을 했다며, 그 시절이 생각나셨는지 어머니는 눈을 지그시 감는다. 왜 그리 식구는 많았는지? 범벅을 한 숟가락 떼어 입에 넣으시곤 눈시울을 붉힌다. 동생은 여전히 씰룩거렸지만, 나는 아무런 말을 할 수 없었다.

논쟁이는 메밀을 맷돌에 갈아 체로 쳐서 고운 가루를 내리고 난 후 남은 거친 가루다. 쌀은 귀하고 조나 보리로 끼니를 때웠지만 식구가 많아 그것마저 부족했다. 논쟁이 가루에 무나 톳이나 고구마를 넣어 범벅으로 양을 늘릴 수밖에 없었다. 찬 기운이 있는 메밀은 소화가 잘 되지 않았다. 그래서 메밀 음식에는 소화에 도움을 주는 무를 넣어 만든다. 배를 곯지 않기 위해선 먹기 싫어도 어쩔 수 없었다. 껄끄러운 음식인데도 머리를 맞대고 한 숟가락이라도 더 먹으려고 아웅다웅했다고 했다. 그 아련한 모습이 그려진다.

맛도 연륜에 따라 다른가. 나이가 들면서 좋아하는 맛도 달라지고 투덜대며 먹던 그 맛이 그리워지니. 어느 날 오일장에서 곡물 장터를 지나다가 논쟁이 가루 글자가 눈에 띄었다. 논쟁이 가루를 사서 범벅을 만들었다. 논쟁이범벅은 수월하게 만들 수 있는 간단한 음식이다. 어머니에게서 익힌 레시피, 고구마 껍질을 벗겨 먹기 좋은 크기로 듬성듬성 썰어 삶는다. 거기에 소금 간을 하고 논쟁이 가루를 넣어 주걱으로 저어 가며 섞으면 그만이다. 냄비에 달라붙지 않도록 불 조절만 잘하면 된다. 요즘 같으면 핫한 해독害毒 웰빙 음식이다.

눈쟁이범벅 한 숟가락을 떠 입에 넣는다. 톡톡 터지는 세련된 맛은 아니다. 고구마와 메밀의 단맛과 미미한 맛의 조합으로 부드럽다. 재료 그대로의 맛, 담백하고 순수하다. 나는 이런 맛을 좋아한다. 힘든 일상을 위로하고 자존을 회복시키는 쉼표 같은 그리움의 맛, 이런 맛을 느낄 때는 약하게 살지 않았던 지난 세월을 되돌아보게 된다. 내가 제주 사람임을 느낀다.

눈쟁이범벅은 내게 힘을 주며 맛보다는 사랑으로 다가온다. 살아온 삶의 궤적을 들여다보니 힘들었던 흔적들이 무늬처럼 남는다. 애틋한 기억들이 소용돌이친다. 눈쟁이범벅을 맛보며 세상을 향해 이건 아니라고 말 못하고, 아이들이 속을 썩일 때도, 자유분방한 남편도 그저 참고 참으며 거절도 거부도 못했던 나를 만난다.

매 순간 흔들리고 혼란스러웠다. 그렇지만 내 삶의 일부에 지나지 않는다고 생각하니 조금의 여유가 생긴다. 있는 그대로 마주하자 다짐하니 몸 안의 탁한 혈액이 메밀 속 루틴으로 맑아지며 염증이 가라앉는다. 간장肝腸에 달라붙은 스트레스가 서서히 빠져나간다. 나의 굴레에 달아오르던 열을 내려 주며 김사인의 시 〈꽃〉이 시린 눈물을 다독인다.

살아야지

일어나거라, 꽃아
새끼들 밥해 먹여
학교 보내야지

햇살 한 줌, 바람 한 줄기에 기대어 피어난 메밀꽃을 본다. 끝없이 펼쳐진 꽃들이 서로 연인이 되어 꽃가루를 날린다. 천상에서 메밀 씨앗을 가져 내려온 농경의 신 자청비처럼 한 송이의 메밀꽃을 피워 보면 어떨까. 는쟁이범벅이 가만가만 쓰다듬으며 말을 걸어온다. 내게로 온 메밀꽃의 인연에 사랑을 싣고 살아가라고. 나를 살게 하는 목소리가 때 묻은 얼룩을 씻는다.

결국 어머니의 맛으로 되돌아오는 토란조림

광나무 위로 가을이 살포시 내려앉았다. 아침저녁으로 계절의 시계는 재채기를 내뱉으며 소리 없이 걸어가고 있다. 하늘빛이 시리게 짙푸르다. 가을 하늘이 이처럼 파란색이었을까. 흰색 물감을 떨어뜨려 퍼트린 듯한 새털구름, 수채화를 그린 것처럼 근사하다.

가을 햇살은 나를 수런수런 분주하게 한다. 텃밭의 열매들을 걷는 손길이 바쁘다. 고구마도 캐야 하고 호박과 가지, 고춧잎, 토란대도 말려야 한다. 가을걷이는 어머니에 대한 그리움을 불러온다. 가을이 오면 어머니는 햇빛 좋은 날 호박과 가지와 고춧잎, 토란대를 말렸다. 호박은 껍질을 벗겨 얇게 썰고, 가지는 어슷하게 썰어 채반에 널었다. 고춧잎은 살짝 삶고 토란대는 껍질을 벗겨 햇볕 속으로 밀어넣었다. 그렇게 어머니는 겨울 곳간을 풍요롭게 채웠다.

내 안으로 불쑥 찬 기운이 들어선다. 날빛에 가만히 눈을 던져본다. 마른풀 가득한 텃밭 구석에 하늘을 향한 연잎같이 넓은 토란잎이 보인다. 미세먼지 흩뿌려진 잎에 궁글어 빚어낸 이슬, 너무 맑고 눈부셔 누구도 소유할 수 없는 무욕의 덩어리. 토란잎이 간질간질 흔들어 대면 흔적도 없이 자취는 사라진다. 어느 시인이 읊은 것처럼 "물방울을 털어내기 전에, 그 마음을 사랑이라 부르면 안 되는가." 천진난만한 사랑이 따로 없다.

이른 봄 텃밭 한구석 자리에 심은 토란은 이슬방울만으로도 내게 충분한 환희다. 고요한 마음으로 사물을 보고 있으면 하나하나가 신비를 품고 있는 것 같다. 감자처럼 부드러우면서도 미끈거리고 끈적한 뮤신 점액질을 품은 토란. 지금은 호불호가 엇갈린 별미 재료가 되어 버렸지만, 예전에는 맛과 영양이 좋은 천상의 음식이라며 극찬을 아끼지 않았다.

조선시대 한양 근교에 대규모 토란 밭이 있었다고 한다.

토란은 그 정도로 오래된 좋은 식재료였다. 당송팔대가唐宋八大家 소동파는 "향기는 용연龍涎 같은데 맛은 우유와 닮았고…, 함부로 동파의 옥삼갱과 비교하지 말라"는 시를 쓰고 너스레를 떨었다고 하니, 소동파 집안에서 끓였다는 옥삼갱의 토란국, 얼마나 맛이 있고 좋아했으면 그랬을까.

햇살은 한여름보다 따갑고 그늘에 있으면 까슬까슬하도록 서늘한 날, 마당에서 껍질 벗긴 토란대를 보노라면 어머니의 삶이 느껴진다. 마당에서 햇빛 냄새와 바람 냄새를 흠뻑 들이키며 꼬들꼬들 말라가는 것들을 보면 마음이 평온해진다. 어머니가 좋아하셨던 토란대. 마당 풍경을 손자 보듯 앞으로 보고 옆으로 보고, 뒤돌아보고 그러다가 다시 훔쳐본다. 어린 시절을 불러오며 어머니의 냄새가 풍기는 듯하다.

토란이 손맛으로 내게 온다. 어머니는 능숙한 솜씨로 물에 삶아 아린 맛을 우려낸 토란대에 들깻가루를 넣고 볶아 나물을 만드셨다. 들깻가루 향이 어우러진 맛이 금상첨화라고나 할까. 아릿하면서 비릿한 맛이 들깨 향으로 버무려지면 나를 부엌에 붙잡아 놓곤 했다.

토란대를 넣고 끓인 탕 맛은 어떠한가. 육개장에 빠질 수 없는 토란대. 여러 채소와 고기를 넣고 푹 끓이면 그 맛의 식감은 대비되었다. 배지근하면서도 깊은 쓴맛은 인생의 맛이었다. 그 심오한 쓴맛을 어머니의 서럽고 힘겹게 살아오신 그 맛과 비교할 수 있을까. 어머니의 주름진 맛이 밀물져 온다.

'땅에서 나는 알처럼 생겼다'는 토란. 요리를 하려면 다루기가 쉽지 않다. 토란은 세상 이치처럼 만만치 않은 식재료다. 생토란은 뿌리식물로 독을 가지고 있다. 잘못 다루면 피부가 화끈거리고 가려워서 밤잠을 설칠 수도 있다. 껍질을 벗길 때는 쌀뜨물에 담갔다가 소금이나 베이킹 소다를 묻히거나 장갑을 끼고 만져야 가려운 증상을 막을 수 있다.

세시 음식으로 추석 차례상에 반드시 올렸던 토란국. 다시마 육수에 무와 소고기와 삶은 토란을 넣고 간장으로 간을 해 끓인 국은 담백하면서도 깊은 맛이 있었다.

이런 토란국을 나는 처음에는 미끌미끌 넘어가는 토란 특유의 감촉이 좋아 젓가락질을 해 보았지만, 입에 들어가면 그저 그렇고 해서 멀리하곤 했다. 지나고 보니 입맛에도 미묘하게 뒤섞인 감정을 껴안게 된다. 이젠 입맛도 바뀌고 토란 맛에 이끌린다. 익힌 토란의 텁텁하고 밋밋한 맛이

엔돌핀으로 다가와 토란 요리를 하게 된다.

토란 몇 뿌리를 캐서 저녁 밥상에 토란조림을 올린다. 뚝딱뚝딱 도마 위의 칼질 소리, 피아노 건반 두드리듯 손이 빨라진다. 토란을 한입 크기로 썰고 냄비에 넣는다. 모락모락 김이 오르며 맛있는 냄새가 올라오면 꽈리고추와 통마늘을 곁들여 간장, 설탕을 넣고 졸인다. 힘들었던 하루는 열기 속으로 사라지고 완성된 음식을 접시에 놓으며 흐뭇한 마음으로 생각에 젖는다.

'어찌 이렇게도 먹음직스러울까, 나는 오늘의 셰프? 아니면?'

음식은 관심과 정성이다. 그게 가족 사랑 아닐까. 자박한 국물과 함께 떠먹으니 깊은 감칠맛이 난다. 행복한 토란의 시간을 읽는다.

토란을 한입 크기로 썰고 냄비에 넣는다. 모락모락 김이 오르며 맛있는 냄새가 올라오면 꽈리고추와 통마늘을 곁들여 간장, 설탕을 넣고 졸인다. 힘들었던 하루는 열기 속으로 사라지고 완성된 음식을 접시에 놓으며 흐뭇한 마음으로 바라본다.

먹어서 즐겁고 불러도 즐거운 매작과

서늘한 가을바람이 옷깃 속으로 스며듭니다. '처서가 지나면 모기 입도 삐뚤어진다'는 속담처럼 여름철 무더위도 한풀 꺾이고 아침저녁으로 선선한 바람이 달려듭니다. 마당의 무화과 나뭇잎도 노르스름하게 물들다 툭 떨어집니다. 하늘을 바라보니 하얀 뭉게구름이 만들어 내는 풍경이 참 아름답습니다.

거울 앞에 서서 푸석푸석한 얼굴을 보니 괜히 속이 상합니다. 거칠어진 피부에 영양 크림으로 윤기를 내고 나니 달콤한 음식이 머릿속을 지나갑니다. 따끈한 호떡이나 붕어빵을 한입 베어 물면 헛헛한 스트레스가 날아갈 것 같습니다. 단맛을 별로 좋아하지 않는데, 왜 단맛이 당기는지 모르겠습니다. 어쩌면 우울했던 마음을 단맛으로 달래고 싶은지도 모르겠습니다.

요즘 카페 장식대에 진열된 디저트를 보기만 해도 군침이 돕니다. 그 화려함과 사르르 녹는 맛에 빠진다면 사랑하지 않을 수 없겠지요. 여러 색깔과 모양으로 만든 디저트의 달콤함은 얼어붙은 마음을 녹이는 것 같습니다. 과일과 앙증맞은 꽃 모양 디저트는 눈을 즐겁게 하고 먹기 아까울 때도 있습니다. 달달한 맛이 온몸으로 스며들며 축축했던 마음을 가라앉히고 쾌감을 불러옵니다.

그 마법의 순간이 행복 아닐까요. 그래서인지 디저트에 관심이 많은 것 같습니다. 도넛, 꽈배기, 케이크, 마카롱 맛집으로 소문난 카페나 베이커리는 사람들로 붐빕니다. 이렇듯 단 음식을 찾는 데는 그만의 매력이 있는 것이겠지요. 나를 대접하고 소소한 사치를 부리고 싶은 기분이라고 할까요. 단것을 먹을 때는 행복 호르몬인 도파민이 분비되니 대단한 묘약입니다.

허기와 고단함으로 버무려지던 날, 사람 이름에 얽힌 음식 유래를 읽다 보니 재미있는 에피소드가 많았습니다. 은밀한 사연이 숨어 있는 음식들은 그 맛만큼이나 색다른 느낌으로 와닿습니다. 영국 백작 이름을 붙인 '샌드위치', 시녀 마들렌이 구운 과자 '마들렌', 소동파가 즐겨 먹었던 '동파육', 마르게리타 왕비 이름에서 따온 '마르게리타 피자'가 그렇습니다. 중국집에서 즐겨 먹는 단무지도 다쿠앙 소호라는 일본 승려가 무를 절여 만든 '다쿠앙즈케'에서 따온 것입니다.

우리 음식에는 사람 이름을 붙인 음식은 없지만 품격 있는 것들이 많습니다. 석류처럼 탐스러운 만두 '석류탕', 절묘한 맛이 기생이나 음악보다 낫다는 '승기악탕', 입을 즐겁게 해 주는 '열구자탕', 매화나무에 참새가 앉은 모양과 같다하여 붙여진 '매작과'도 있습니다. 얼마나 멋있고 시적인 이름입니까. 먹어서 즐겁고 불러서 즐겁습니다.

한과漢菓는 신라시대를 거쳐 고려시대에 크게 발전했으며 조선시대 수라상에도 올렸다고 합니다. 명절 말고도 정월대보름, 단오뿐만 아니라 중요한 연회나 삶의 희로애락과 함께해 왔습니다. 한과는 그냥 맛있는 과자가 아닙니다. 인공 첨가물이 들어가지 않고, 자연의 색과 향을 지닌 재료로 건강과 영양을 생각하며 맛과 멋을 내는 웰빙 먹을거리입니다. 한때 그 매력에 빠져 강정을 만들고 다식과 약식, 정과의 한과 음식 공부로 동분서주 바쁘게 다니곤 했습니다.

대학 시절 한과인 매작과梅雀菓 실습 시간이 생각납니다. 밀가루를 반죽해서 밀고 기름에 매작과를 하나씩 넣을 때 튀겨지는 그 소리가 참 좋았습니다. 지글지글 기름 속에서 꽃피우는 매작과, 타래과라고도 합니다. 처음 만들어 본 한과, 입안에서 바삭하게 부서지며 어우러지는 고급스러운 맛이었습니다.

아이들이 어렸을 때 시중에 파는 과자를 먹이고 싶지 않아 매작과를 한 소쿠리 만들었습니다. 흙 묻히며 뛰어놀던 아이들이 매작과를 입에 넣고는 달콤하다며 웃음꽃을 피웠습니다. 입안에서 바삭하게 씹히는 소리, 경쾌한 음악처럼 방안에 퍼졌습니다. 생명의 힘찬 소리였습니다. 누가 그 소리를 싫어할 수 있을까요?

가성비가 좋고 만드는 과정도 익히고 나면 수월하고 재료도 간단합니다. 밀가루와 생강, 설탕과 소금, 식용유만 있으면 됩니다. 먼저 밀가루에 소금을 약간 넣고 체에 칩니다. 생강즙과 물을 넣어 가며 약간 되직하게 반죽을 하고 비닐을 씌워 숙성되도록 합니다. 반죽은 치댈수록 끈기가 많이 생깁니다. 사람도 밀가루 반죽처럼 자꾸 치대다 보면 더 가까워지는가 봅니다. 그렇다고 너무 치대면 귀찮아지겠지요.

그땐 왜 그랬을까. 지난 시간을 마주하니 가슴이 시려 옵니다. 가족에게 살갑게 치댄 것보다 잔소리하며 마구 몰아친 일들이 되새김질 됩니다. 상대에 대한 배려 없이 나만 옳다고 생각한 독선이었던 것 같습니다. 중요한 것은 진심 어린 사랑하는 마음으로 치대는 일이었습니다.

이제 반죽을 홍두깨로 얇게 밀어 직사각형으로 썰어 줍니다. 가운데 칼집을 넣고 칼집 낸 사이로 뒤집어 넣어 꽈배기 모양의 타래를 만듭니다. 타래를 보니 배배 꼬인 마음으로 상대에게 가시 돋친 말을 뿜어대며 살지 않았을지 돌아보게 됩니다. 타래에눈길을 주며 말을 주고받습니다. '구김살 없이 세상을 바라보라'고 합니다. 갑자기 마음이 훈훈하고 따뜻해집니다.

예열된 기름에 만들어 둔 타래를 넣고 튀겨 냅니다. 타래 속에 묻어 둔 서러움과 상처가 무너지며 고소함으로 피어납니다. 뜨거운 기름 속에서 뒤틀려도 서러워하지 않고 우아하게 노르스름한 가을색을 드러냅니다. 바사삭, 낙엽 밟는 소리를 듣는 것 같습니다.

시럽은 같은 양의 설탕과 물을 젓지 말고 그대로 끓입니다. 시럽이 뜨거울 때 튀겨 낸 타래를 담갔다가 건져내고 끈적거리지 않게 위에 잣가루나 검은깨를 뿌려 냅니다. 시럽에 계핏가루를 섞어 적셔 내도 계피 향이 우러나 마음을 따뜻하게 해 줍니다. 매작과 한 접시를 식탁 위에 놓고 차와 함께 먹으면 감동적일 겁니다. 한입 깨물면 과자 열풍을 불러일으켰던 허니버터칩도, 꼬북칩도 전혀 부럽지 않습니다. 행복이란 달착지근한 장면이 피어오르며 추억을 남기게 될 것입니다.

가을비가 촉촉이 땅을 적십니다. 울어대던 매미도 종적을 감추고 말았습니다. 흘러가는 세월에 마음만 바쁘고 시름도 깊어지며 한 스푼의 추억을 담은 커피가 그리워집니다. 커피를 매작과의 단맛으로 채워 보면 어떨까요?

기다리는 법을 깨우치는 호박오가리짐너물

가을이 계절의 문턱을 넘어서고 있다. 노을이 물든 숲길은 쇼팽의 〈겨울바람〉 선율이 흐르는 듯 차가운 세찬 바람이 몰아친다. 바짝 말라가는 나뭇잎에서 풍기는 냄새가 마음을 차분하게 한다. 해가 긴 꼬리를 내리며 서서히 자취를 감춘다. 산그늘의 나무들 그림자가 깊어진다. 심호흡을 하며 천천히 걷는다. 나의 날숨과 숲의 들숨이 우주의 조화처럼 함께하고 있음을 깨닫는다.

볕이 좋은 날은 가을걷이로 바쁘다. 고춧잎과 토란대가 마당에 자리를 깔고 누워 몸을 말리고 있다. 채 썬 무, 호박, 가지는 채반에서 명상에 빠졌는가, 각박하고 냉혹한 세상을 향해 겸손의 철학을 역설하는지 묵언 수행 중이다.

빨랫줄에는 무청 시래기가 그네를 탄다. 한낮의 햇볕은 선선한 바람을 불러와 어루만지며 물기를 걷어낸다. 하루 이틀에 마르지 않는다. 뒤집어 말리고 또 말리는 기다림의 시간은 가슴 아려오며 사랑의 미학을 알게 한다. 순수한 사랑은 시기도 욕심도 아픔도 없는 사랑, 그 자체임을. 그래서 기다리다 보면 누구나 시인이 된다. 마르며 바스락거리는 소리가 들리는 듯하다.

바람이 불 때마다 말라가는 무청 시래기가 흔들거린다. 튼튼한 무 머리에 달려 창공을 향하던 빳빳함이 무너진다. 어쩌면 시래기가 아니라 버려도 될 겉잎을 말리는 무청 시래기, 빨래처럼 궁색한 모습이 부끄러워 너펄너펄 춤을 춘다. 마르고 나면 제 생을 다한 불사리와 같은 줄거리, 그렇지만 추운 겨울 식탁에서 따스한 생명의 꽃을 피워 낸다. 내 인생도 이런 꽃 하나를 피울 수 있다면 좋으련만. 새 한 마리가 날아와 부리로 콕 찢고 날아간다.

살이 오르던 무청 시래기와 무와 가지가 물기 빠진 할머니 얼굴처럼 자글자글하다. 울퉁불퉁 흘러내린 주름진 호박, 노르스름하던 얼굴이 뽀얗게 변해 호박오가리가 된다.

햇볕과 바람이 내준 선물이다. 잘 마른 호박오가리와 가지, 무말랭이는 면 헝겊 자루에 넣어 베란다 벽에 걸어 놓았더니 박경리 소설 《토지》의 한 풍경을 연상케 한다.

"금년에는 호박오가리가 우찌나 달든지 생청 겉더라. 그래서 팥하고 찹쌀하고 넣어 고았더니 세가 설설 녹게 달더고나."

"너거 집에 호박오가리 좀 있제?"

호박오가리를 넣고 쑨 호박풀떼죽, 귀녀의 목구멍으로 흐르듯 넘어가는 모습이 그려진다.

어렸을 적 때늦은 겨울비가 내리는 날이면 어머니는 호박고지를 뚝뚝 잘라 시루떡을 만들곤 했다. 떡 속의 노란 호박고지를 먹으면 달콤한 맛과 향이 배어 나와 물리칠 수 없는 그 별미에 취했다. 호박고지 시루떡은 쌀쌀한 날씨로부터 나를 쓰러지지 않게 이겨 내는 따스한 지지대 같다고나 할까. 그런 날은 쌀쌀해도 세상 부러울 것 없는 사람처럼 가슴이 훈훈하고 행복했다.

호박오가리는 껍질째 얇게 썰어 말린 것이고, 호박고지는 껍질을 벗겨 얇게 썰어 말린 것으로 뚜렷하게 구분하지는 않는다. 어느 것이든 나물, 탕 등 다양한 조리법에 이용하면 달큼한 식감이 부드럽고 쫄깃해 맛있다. 호박오가리나물은 빨갛게 볶아도 되고 하얗게 볶아 먹어도 좋다. 미지근한 물에 호박오가리를 불려 물에 헹군 후 파, 마늘, 간장, 들기름을 넣고 조물조물 무쳐 팬에 볶아 낸다. 애호박볶음과 다른 쫄깃한 식감과 입맛을 돋우는 깊은 풍미를 느낄 수 있다.

참기름과 들기름은 감칠맛과 고소한 맛을 내는 빠질 수 없는 양념이지만 향과 맛이 다르고 용도 또한 다르다. 참기름은 열에 약해 무침에, 들기름은 참기름보다 열에 강해 볶음용으로 쓰면 좋다.

짐너물은 들깨즙에 호박오가리, 무말랭이, 토란대, 버섯, 두부를 넣어 끓인 탕을 말한다. 육류는 들어가지 않지만 겨울철에 먹으면 영양 좋은 보양 음식이다. 조리법은 호박오가리나물과 비슷하다.

먼저 호박오가리와 무말랭이와 토란대를 물에 불린다. 물에 불린 채소들을 간장과 들기름을 넣고 조물조물 무쳐서 볶는다. 들깨와 불린 찹쌀에 물을 넣고 곱게 갈아 체에 걸러 들깨즙을 만든다. 짐너물은 걸쭉해야 더 맛이 나며 들깨 대신 들깻가루를 이용해도 된다. 볶아 놓은 채소에 들깨즙을 붓고 끓이다가 두부 넣고 다진 마늘, 채 썬 파와 붉은 고추를 넣어 마무리한다. 여기에 말린 홍새우가 들어가면 감칠맛이 더 난다. 말린 홍새우 대신 소고기를 넣기도 하지만 달큼한 맛이 나는 마른 홍새우가 들깨와 더 잘 어울린다. 간은 조선간장과 소금으로 맞추는데, 조리 과정 끝에 간을 맞추는 것이 좋다.

점심에 호박오가리짐너물을 뚝딱 끓여 맛나게 먹는다. 온몸의 감각이 깨어난다. 다 먹고 나니 '당신은 무엇을 먹고 사십니까'라는 주제로 선재 스님이 들려주신 말씀이 생각난다. 때를 알고 때에 맞게 먹고 때를 따른다는 것이 자연의 운율에 맞추어 살아간다는 것임을.

요즘은 어느 반찬보다 나물 요리가 맛있다. 무시래기를 삶아 콩가루에 무쳐 된장을 풀어 시래깃국을 끓이면 어느 음식점에서도 찾아볼 수 없는 구수한 맛이다. 우리 인생도 이 맛과 같다면 얼마나 좋을까.

겨울이 오고 있다. 해는 짧아지고 밤은 길어지고 있다. 나뭇잎이 하나둘 내려앉으며 대지로 숨어든다. 세상은 점점 고요해지고 겨울은 천천히 우리 곁으로 발걸음을 내딛는다. 매서운 겨울바람과 맞설 수 있는 무엇인가가 필요한 시기다.

겨울은 기다림으로 잉태된 음식을 먹고 건강과 행복을 찾아 보면 어떨까.

하늘이 청명하다. 오늘도 나는 텃밭의 무를 뽑아 무말랭이를 만들고, 무이파리를 삶아 시래기를 말린다. 아무리 싱싱해도 생으로 먹을 수 없는 늙은 호박. 베란다에서 결가부좌 틀고 있는 호박을 잘라 호박고지를 만든다.

나의 소울푸드 양하버섯튀김

담벼락 그늘에 양하 잎이 살랑인다. 푸른 잎이 가을비에 젖어 더위로 메말랐던 땅에 청량감을 준다. 초록빛을 보는 것만으로도 축 늘어졌던 가슴이 힘을 얻는다. 베란다에 턱을 괴고 앉아 양하 잎을 본다. 흘러간 옛 정경이 망막에 맺힌다.

초가집 처마 뒤쪽 그늘에 심은 양하. 제주에서는 양하를 양애라 불렀다. 봄철에 올곧게 올라온 양애 새순을 베어다 겉껍질을 벗기고 끓는 물에 데쳐 나물로 먹거나 된장국을 끓여 먹었다. 초가을이면 양애깐이라는 자줏빛 꽃봉오리가 솟아 나왔다. 양애깐을 따다가 장아찌를 담거나 나물 반찬을 만들면 맛이 독특했다. 양하 잎을 따서 시루 구멍을 막기도 하고, 밭에 갈 때 된장이나 젓갈 반찬을 덮기도 했다. 추운 겨울이면 누런 이파리 속 검은 씨앗을 손바닥에 올려놓고 이리저리 굴리며 보고 또 보았던 기억이 난다.

추석 명절에 친지들을 만나면 맛있는 음식을 먹고 웃음꽃을 피웠다. 보름달처럼 넉넉하고 풍성했다. 그래서 '더도 말고 덜도 말고 한가위만 같아라' 했으리라. 집안 종손인 아버지를 따라 아침부터 하루 종일 친척 집을 돌며 음식을 먹었다. 차례상에는 옥돔으로 갱(국)을 끓이고 나물 반찬은 시절 음식으로 차렸는데, 아이들이 싫어하는 음식도 있었다.

양애깐 탕쉬다. 양애깐 탕쉬는 꽃이 피기 전 붉은 보랏빛이 도는 봉오리를 따다 끓는 물에 데쳐 만든 꽃나물 반찬이다. 잘 씹히지 않는 질강질강한 섬유질과 진한 향으로 아이들 입맛을 당기지는 못했다. 오로지 어른들 차지였다. 쌉쌀한 향과 특유의 냄새는 삶의 응어리진 가슴을 풀어 주고 마음을 차분하게 해 주는 데 안성맞춤이었다. 양하는 향이 진해서 마늘이나 파 같은 양념을 쓰지 않고 참깨와 참기름만으로 맛을 냈다.

마당 한쪽에 심어 놓은 양하, 꽃말이 '건망증'이라니 색다르다. 이에 관한 전설에서 삶의 깨우침을 읽는다. 석가모니 제자 중에 '반특'이라는 제자가 있었는데, 무슨 일인지 잘 잊어버리는 경우가 많았다. 어쩌다 이름조차 잊어버려 패까지 만들어 목에 걸어 주었다. 나중에는 이름패까지 잃어버렸다. 그가 죽고 나서 무덤가에 한 포기 풀이 돋았는데, 그 풀이 양하라는 이야기다.

요즘 우리는 정보의 홍수 속에 허우적대며 살고 있다. 많은 음식 섭취로 소화 불량을 불러오듯 많이 기억하려고 애쓰면서 빽빽하게 살고 있는 느낌이다. 도야마 시게히코는 《망각의 힘》에서 "망각은 머릿속에서 일어나는 배설 작용"이라고 했다. 편안한 몸을 만들기 위해서는 공복 상태가 필요하다. 먹은 것을 소화해서 몸에 꼭 필요한 에너지는 남기고 나머지는 모두 배설해야 한다. 그래서 1일 1식을 선호하는 사람들도 있다. 모든 욕심을 내려놓고 잊고 산다는 것, 생각해 볼 일이다. 이처럼 잊고 잊혀야 새로운 인연이 찾아오고 진정한 자유를 얻을 수 있음을 말하는 것이 아닐까.

양하꽃은 잘 보이지 않는다. 양하 잎을 살며시 치마폭을 들추듯 훔쳐본다. 양하 꽃봉오리가 흙을 뚫고 땅과 맞닿은 곳에서 봉긋이 얼굴을 내밀고 있다. 그 곁에 난초처럼 기품 있게 노르스름한 빛으로 핀 양하꽃도 보인다. 수줍음일까, 겸손함일까. 햇살을 쫓아 피지 않고 어둠 속에서 낮은 자세로 몸을 숨기고 있다. 세파에 물들지 않으려고 욕심을 버리고 초야에 묻혀 산 선비의 모습이라고 할까. 그 자태가 고고하다. 꽃받침은 통 모양이고 화관은 3개로 갈라져 있다. 연노란 꽃은 뿌리줄기 끝에서 양파처럼 비늘잎에 싸여 피었다.

흙을 살살 긁었더니 뿌리가 서로 엉켜 단단하게 땅에 붙어 있다. 낙숫물이 떨어진 도랑길로 집 안에 물이 스며드는 것을 막았던 양하 뿌리, 변치 않는 사랑처럼 험난하고 척박한 곳에서도 꿋꿋하게 뻗어 나간다. 손으로 뚝뚝 끊어 코끝에 갖다 대니 그 향이 생강과 비슷하다.

생강처럼 매운맛은 덜하지만 《중약대사전》에 보면 '맛은 맵고 성질은 따뜻하다' 하여 뿌리줄기根莖를 약재로 써 왔다. 혈액 순환을 원활하게 하고 여성의 생리불순 조절과 기침과 가래를 멈추게 한다. 요즘에는 비만 치료에도 도움이 되는 식재료이기도 하다.

양하 꽃봉오리를 따 와 주방에 섰다. 양하버섯튀김으로 식탁을 꾸며 보려 한다. 양하를 다시 들여다본다. 양하를 씻어 물기를 제거해 거친 겉껍질을 벗긴다. 양하에서 민초의 삶을 본다.

명도암* 마을에 우영팟 구석진 자리에 양하를 심은 집들이 많다. 4·3사건으로 마을이 불타 한때는 사람들이 별로 살지 않았다. 오로지 노루들만이 마을을 지키고 초가 처마 밑에 심어진 양하를 지켰다. 가난해도 자신만의 향기를 품고 묵묵히 살았던 이곳, 왜 명도암 마을 사람들은 나이가 들수록 양하를 잊지 못하는 것일까. 양하 향으로 마을이 젖는다.

생표고버섯은 적당한 크기로 썬다. 바삭바삭한 식감을 위해 양하와 버섯에 녹말가루를 살살 뿌린 후 튀김옷을 입힌다. 표고 위에 함박눈이 내려 하얀 옷으로 갈아입은 듯하다. 그 속삭임이 나를 부드럽게 감싼다. 팬에 기름을 자작하게 두르고 튀기듯 지져 낸다.

꽃봉오리 튀김, 꽃봉오리 튀김이 얼마나 있을까. 호박꽃, 부추꽃을 튀겨 본 적은 있다. 꽃튀김 상차림은 화사한 여인네 같다. 눈으로 먹고 코로 먹고 입으로 먹는다. 고운 보랏빛과 양하의 진한 향과 생표고의 쫀듯한 속살이 입안에서 피어난다. 혀로 느끼는 맛만이 아니라 향으로, 냄새로 느끼는 어머니 손맛이다. 나물로 먹을 때와는 달리 소박하면서 매력적이다.

잊고 지냈던 양하의 순간들이 그리움의 꼬리에 꼬리를 물고 가을을 부르고 추억을 부른다. 그 맛이 뇌리에서 되살아난다. 나의 소울푸드, 가을바람에 담벼락을 타고 넘는다.

* 명도암 : 제주시 봉개동 절물 아래 마을

꽃튀김 상차림은 화사한 여인네 같다. 눈으로 먹고 코로 먹고 입으로 먹는다. 고운 보랏빛과 양하의 진한 향과 생표고의 쫀득한 속살이 입안에서 피어난다. 혀로 느끼는 맛만이 아니라 향으로, 냄새로 느끼는 어머니 손맛이다. 나물로 먹을 때와는 달리 소박하면서 매력적이다.

사바사바로 달랬던 감칠맛 고등어조림

몸이 나른해지는 날에는 입맛 당기는 음식을 먹고 싶어진다. 그럴 때는 칼칼한 양념이 진하게 밴 생선조림이 딱이다.

저녁 반찬으로 생선조림을 하려고 동문시장 수산물 코너를 찾았다. 가게마다 풀어놓은 좌판에는 옥돔, 조기, 갈치, 전갱어, 고등어가 즐비하다. 이것저것에 눈길을 주다가 살이 탱탱하고 도톰한 고등어 두 마리를 골랐다. 바닷속에서 자신을 감추고 싶었던 것일까. 등은 짙푸른 색 물결무늬로 너울거리고 은백색 뱃살에서는 윤기가 흐른다. 생선가게 아주머니가 "조림으로 할꺼 꽝, 구이로 할꺼 꽝?" 숨 돌릴 사이도 없이 말을 뱉는다.

"내장만 빼 줍서."

말을 마치기가 무섭게 고등어 머리에 칼을 들이댄다. 아가미와 내장을 꺼내고 뼈 사이 붉은 핏물을 긁어내니 속살이 보인다. 그물에 걸려 잠깐이라도 살아보려고 팔딱거리다 삶을 놓아 버린 채 어물전으로 팔려 온 고등어. 바다 깊숙한 곳에서 물살을 헤치며 빼끔거리던 기억들이 무너진다. 가격이라도 후하게 쳐주면 좋으련만, 왁자지껄하게 흥정하는 소리를 뒤로하고 발걸음을 옮긴다.

지느러미를 떼고 소금물로 다시 씻어 토막 낸 고등어를 냄비에 담는다. 모든 것을 내려놓은 도마 위의 고등어가 새로운 입맛으로 살아나려 한다. 요절한 고등어인지 장수한 고등어인지 모르지만, 삶이 길고 짧음이 의미가 없다는 듯 고통도 사라진 듯하다.

다시마, 멸치, 새우를 넣어 육수를 끓이면서 삶은 시래기를 먹기 좋은 크기로 자른다. 대파와 청양고추를 송송 썰고 파와 마늘도 다진다. 마늘의 진한 알리신 향이 눈가에 튀더니 더운 기운이 지나가며 입맛 다실 남편과 친정어머니 모습이 겹친다.

이북이 고향이라 일가친척도 없고 가난한 집 외아들과 결혼하겠다고 했을 때 어머니 얼굴은 흙빛이었다. 순종만 하던 내가 굽히지 않고 묵언으로 거역하자 어머니의 충격은 이만저만이 아니었다. 딸을 향한 어머니의 꿈이 성난 파도처럼 부서져 버렸다. 내 마음이 되돌아오길 바라며 어머니는 눈물로 호소했다. 그렇지만 내 결심은 흔들림이 없었다. 자식 이기는 부모 없듯이 어머니는 할 수 없이 내 뜻을 받아들였다. 그날 어머니는 고춧가루와 청양고추를 넣고 얼큰한 생선조림으로 무너진 마음을 달래셨다.

어머니가 감기에 걸려 끙끙 앓던 날, 그는 어머니 마음을 살 수 있는 기회라 여겼는지 연락도 없이 우리 집에 왔다. 현관문이 두르르 열렸다. 꿔다 놓은 보릿자루처럼 초라한 차림새에 새우등처럼 어깨를 움츠리고 검은 비닐봉지를 손에 들고 있었다. 거실로 발을 들여놓으며 "생선이야, 어머니께 죽 끓여 드려"라며 내게 비닐봉지를 건넸다.

고등어 두 마리였다. 아차 싶고 기가 막혔다. 병문안 온다며 사 온 것이 고등어라니. 더군다나 고등어죽! 어머니는 비늘 없는 생선은 잘 드시지 않았다. 허둥대며 방 안으로 들어와 문안 인사하는 그를 보며 나는 아무 말도 하지 못했다. 일본어로 '사바'인 고등어, '사바사바'란 말인가. 제주 토박이인 어머니의 생선은 옥돔인데. 고마운 마음보다 속이 터지고 실망스러운 듯했다. 방안은 썰렁하고 찬바람이 든 듯 냉랭했다.

어머니는 어이없는 듯 아무런 말씀이 없고 이불 속에서 다시 한번 뒤집히는 울음을 삼켰다. '야, 생선도 모르냐?'라며 소리치고 싶었을지도 모르겠다. 그 고등어에 소금을 팍팍 뿌려 가슴 쓰린 자반을 만들어 구이로 먹었던 기억이 난다.

결혼 후에 그날 고등어를 사 온 연유를 알게 되었다. 남편이 아는 생선은 오로지 고등어와 갈치였다. 옥돔은 가격이 비쌌고, 밥상 위에 오르는 생선은 값싼 고등어였다. 어머님은 고등어조림을 잘 만드셨다. 그 맛의 비법은 따로 있었다. 고등어조림이 다 되어 갈 때 무언가를 숟가락에 담아 국물에 넣었다. 미원이었다. 그 감칠맛이 남편의 입맛을 당기고 흥분시켰다.

양념장을 만들며 부엌의 온기를 곱씹는다. 간장에 다진 파와 마늘, 고춧가루로 만든 양념장에 육수를 조금 붓고 끓이는 냄새로 아팠던 기억들이 사라진다. 풋고추와 홍고추로 색을 맞추니 식탁에 넘쳐나는 기쁨으로 활력을 준다.

고등어 삶의 흔적이 벗겨지고 나에게로 와 살아 숨을 쉬고 있다. 사바사바로 달랬던 친정어머니도, 감칠맛으로 시름을 잊은 시어머니도 이제는 모두 저세상 사람이 되었다.

마주한 밥상에서 스쳐 지나온 상처를 쓸어내리며 고등어 조림 한 조각을 떠 입안에 넣는다. 구수한 시래기 향이 비린 맛을 잡아 주면서 고등어살이 몸의 에너지로 되돌아온다. 젓가락질하는 남편 입가에는 흐뭇한 침이 흐르고, 나는 세월을 뒷걸음질하며 홍채 안에 기억의 행복을 깨닫는다.

토막 낸 고등어를 냄비에 담는다. 다시마, 멸치, 새우를 넣어 육수를 끓이면서 삶은 시래기를 먹기 좋은 크기로 자른다. 대파와 청양고추를 송송 썰고 파와 마늘도 다진다. 마늘의 진한 알리신 향이 눈가에 튀더니 더운 기운이 지나가며 입맛 다실 남편과 친정어머니 모습이 겹친다.

겨울

주름처럼 여울진 그 맛 돗괴기엿

달 밝은 밤 창가에 서면 그리움이 목까지 차오른다. 그 그리움은 가을의 얼굴인가, 선명했던 감정들도 낙엽처럼 퇴색되며 스러진다. 별을 세는 시인이 부러운 계절, 마을 어귀 빈 들녘에 서 본다. 아련하고 먼 길에 목말랐던 가난한 행복이 어린 시절의 단맛을 끌고 온다.

조선시대 풍속화가 김준근의 〈당임매매糖飴賣買〉를 들여다본다. 엿을 만들어 파는 그림이다. 머리에 끈을 두른 남자아이 둘이 마주 보고 엿가락을 늘이고 있다. 한 아이는 버티고 다른 아이는 엿가락을 잡아당기려 한다. 그 밑 받침대 위에는 엿가위가 있다. 뒤쪽에는 머리를 땋아 내린 더벅머리 아이가 허리께에 돈주머니를 차고, 자판에 길게 끊은

가락엿과 둥글게 만든 엿을 진열하여 판매하고 있다.

이 그림을 보노라니 어디선가 철컥 철컥, 엿장수 가위질 소리가 들리는 듯하다. 먹을 것이 그리 많지 않던 시절, 엿장수는 반가운 손님이었다. 엿타령 소리가 구성지게 들려오면 조용하던 마을이 들썩였다. 엿장수는 엿만 파는 게 아니었다. 가위질 소리에 맞춰 부르는 익살스러운 엿타령은 골목골목을 흥건하게 적시며 사람들을 불러냈다.

"둘이 먹다 한 사람 죽어도 모르는 울릉도 호박엿이요."

너스레를 떠는 엿장수 가위질 소리를 들으면 아이들이 하나둘 엿판으로 모여든다. 어디서 찾았는지 신문지, 소주병, 뚫어진 냄비, 고물들을 한두 개씩 손에 들고 있다. 엿을 바꿔 먹으려는 눈빛이 초롱초롱하다. 아이들은 엿판을 둘러싸고 침을 흘리며 투박한 칼과 가위로 엿을 잘게 뗀 맛보기 엿을 받아먹는다.

짧은 서리 가을, 뜨겁던 여름의 기억은 잊어버리고 조 농사가 끝나면 어머니는 돼지고기엿을 고았다. 먹거리가 많지 않던 시절에 엿은 단맛을 내는 엄지척이었다. 어쩌면 엿은 별미를 넘어 원기와 기분을 회복시키는 주요 음식이었는지도 모르겠다.

제주의 엿은 씹어 먹는 엿이 아니라 진액처럼 숟가락으로 떠먹는 건강식이자 보양식이다. 겨울철에는 해산물마저 충분하지 않아 단백질 섭취가 어려웠다. 그래서 추렴한 돼지고기를 엿으로 만들어 먹었다.

엿을 만들려면 우선 단맛을 지닌 엿기름이 있어야 했다. 어머니는 가을이면 햇볕 좋은 날 갖은 채소를 말리며 난든집 나듯 엿기름을 만들곤 했다. 물에 충분히 불린 겉보리를 소쿠리에 얇은 천을 깔고 흩뿌리듯 널고서 수시로 물을 뿌려 하얀 뿌리와 파란 싹이 나오면 햇볕에 바짝 말렸다. 말린 겉보리를 손으로 비비면서 뿌리와 싹을 털어 빻아 가루로 만든다. 엿기름 만드는 과정을 보면 어머니의 깊은 마음을 보는 듯했다.

돗괴기엿(돼지고기엿)을 만드는 과정은 너무나 간단하다. 그렇지만 삶을 어루만지듯 하룻밤을 넘기는 인내의 시간을 지녀야 한다. 맨 처음 돼지고기를 삶는다. 돼지고기의 누린내를 없애기 위해 끓는 물에 마늘과 된장을 넣고 반쯤 익혀 건진다.

질게 지은 차조밥과 엿기름을 함지박에 넣고 미지근한 물을 부어 주물럭거린다. 고루 섞다 보면 엿기름물이 손가락

사이사이를 미끄러지듯 지나간다. 엿기름물을 방안 아랫목 따뜻한 곳에 이불을 덮고 대여섯 시간쯤 둔다. 그러고 나면 당화가 일어나며 뭉그러진다. 차조밥과 엿기름은 깊은 흔적 없이 삭혀져 엿물이 된다. 엿물을 바라보면 척박한 둥지의 힘들었던 시간도 삭으며 누그러진다.

엿물을 베주머니에 넣고 치대며 주물러 즙을 짠다. 그건 한여름 뙤약볕이 쏟아졌던 조밭 고랑의 시간이라고 할까. 시뻘겋게 달아오른 얼굴, 불로 지지듯 달군 등짝도, 쉴 새 없이 이마에 흘러내리던 땀도 쓰라리게 녹아내린다.

불을 지펴 솥에 엿물과 돼지고기를 넣어 끓인다. 부지깽이로 타오르는 불길을 뒤적거리면 불꽃이 너울너울 춤을 추며 이글거린다. 어머니 옆에 쪼그리고 앉았던 나는 매캐한 연기로 눈을 뜰 수가 없다. 어머니는 고운 체로 불순물을 걷으면서 몸살 앓던 감정들을 잔잔하게 털어내지 않았을까. 엿물에 푹 삶은 돼지고기는 건져서 식으면 먹기 좋은 크기로 잘게 자른다. 이때 돼지고기 한 점은 두고두고 잊을 수 없는 어머니의 숨결 맛이다.

거품을 걷으며 국물이 끓으면 자른 돼지고기를 넣고 눌어붙지 않게 젓는다. 불을 줄여 가며 걸쭉해질 때까지 저으며 한참 곤다. 주걱에 달라붙은 국물을 손가락으로 찍어 먹으면 입안에 흐르는 단맛이 호사스럽다. 떡을 찍어 먹으면 금상첨화다.

나무 주걱에서 젤 정도의 농도로 국물이 흘러내리면 불을 끄고 식혀서 엿단지에 담는다. 더할 나위 없이 낫낫하고 단맛 나는 돗괴기엿이다. 어머니는 허리를 펴시곤 "아, 달다" 하며 엿단지를 궤 위에 놔두고 보물을 다루듯 하셨다. 엿 한 숟갈씩 떠먹으면 배가 든든하고 그 추운 겨울도 눈을 털고 일어설 수 있었다.

차가워진 바람 사이로 아련한 그리움이 노을빛으로 물들어 간다. 가을과 겨울 사이의 고혹적인 몸짓들이 속삭이며 내게로 온다. 도리깨침이 도는 단맛 나는 어머니의 돗괴기엿, 또 먹고 싶다. 그 여울진 그리움은 곰삭은 주름처럼 속수무책으로 마주할 수밖에 없다. 추억 속에 흐르는 안타까운 목마름의 불빛만 남아 스산하다.

그리움만
드리워 놓고 떠난
몸국

억새가 허공에 흔들리던 싸늘한 오후다. 뜨듯한 몸국이나 끓일까 하고 마당 한 켠에 솥을 걸었다. 몸국은 제주 음식으로 큰 솥에 장작불로 끓여야 제맛이 난다. 톳과 비슷한 해초 모자반인 몸을 돼지고기 국물에 끓이면 금상첨화다. 배지근하다. 그 맛은 향수를 부른다.

아궁이에 불을 지피자 찬바람을 안고 불씨가 뒤엉켜 일어난다. 마른 장작이 옹이진 자리에서 "탁탁, 툭툭툭" 소리를 내며 활활 타오른다. 힘차게 타들어 가는 불구덩이 속심을 들여다보며 장작 한 토막을 던져 넣었다. 불꽃이 너울너울 춤을 추며 이글거린다. 타오르는 불길을 부지깽이로 뒤적거리며 불멍에 빠져들었다. 몽환적인 불꽃을 보니 젊은 시절

열정의 함성들로 채웠던 시간을 보는 듯하다.

불꽃을 더 키우려 땔감을 마구 밀어 넣었더니 타던 불숨이 넘어간다. 매캐한 연기로 눈이 맵다. 어리석은 자가 되고 만다. 지나친 기대와 욕심을 내려놓지 못하고 삶이 뜻대로 되지 않는다고 얼마나 나를 괴롭혀 왔던가.

불이 붙기 시작한 장작을 몇 개 꺼내고 지그재그로 얹어 불길을 열어 주니 불꽃이 다시 타오른다. 얼굴이 화끈하다. 늘 상대에 대한 이해와 너그러움이 모자랐던 지난날의 나를 돌아보게 한다.

불꽃은 솥 바닥을 핥으며 뜨겁게 달군다. 열기로 끌어올린 애무는 집요하고 부드럽다. 솥 안쪽의 기포는 유빙流氷처럼 숨죽이고 허공으로 사라진다. 희미하게 흔들리던 연민과 그리움이 장작개비 사이로 타들어간다.

열아홉 되던 해, 나는 삼베 상복을 입은 상주가 되었다. 정월대보름 밥상을 받고 직장에 출근했다가 뇌출혈로 아무 말씀 없이 이승을 훌쩍 떠나 버리신 아버지. 나는 뿌리 뽑힌 나무처럼 커다란 상실감으로 가늠할 수 없는 슬픔에 빠졌다. 잃어버린 입맛을 밥 한술로 채우면서 쏟아지는 눈물을 뒤돌아 훔치곤 했다.

며칠 동안 참고 눌렀던 눈물은 결국 입관하는 날 터지고 말았다. 창자 깊숙한 곳의 기다란 슬픔까지 쏟아냈다. 염습이 끝나고 천판을 덮기 전 마지막으로 아버지의 얼굴을 보는 순간이었다.

"아버지, 아버지 눈 떵 말 한마디만 해 봅써."

시신에 엎어져 통곡하며 오열했다. 울음은 끊으려 해도 봉합되지 못하고 비린내가 나고 신맛이 나며 출렁거렸다.

"아이고, 얘야. 경허지 말라, 불쌍한 거."

작은할머니가 애끓는 눈물을 흘리며 내 어깨를 잡아 일으켰다. 헝클어진 머리에 눈물 콧물 뒤범벅이 된 나를 부엌으로 데려가 뭐라도 먹어야 한다면서 억지로 먹이던 음식. 울음과 웃음소리 섞인 풍경 속에서 문상객들도 술잔을 비우며 먹던 음식. 그게 몸국이다.

양푼에 담근 돼지 등뼈에서 핏물이 우러나와 물감처럼 번진다. 몸을 소금물로 빨래하듯 빡빡 문질러 씻어 헹군다. 한 가닥을 뜯어 입안에 넣고 씹으니 작은 알갱이 숨꽃이 톡톡 터진다. 끓는 물에 핏물 뺀 돼지 등뼈와 대파, 마늘, 생강을 넣으니 침묵 속으로 녹아들며 톡 쏘는 알리신 향내가 피어오른다. 불 조절을 하며 두 시간 이상 끓인다. 국물 위로 등뼈가 삐죽삐죽 들썩이며 올라온다. 국자에 그득하게 국물을 떠 들여다본다. 냉정하리만치 국자로 꾹꾹 눌러 바닥으로 가라앉히니 눈물로 삼키던 몸국이 오버랩된다.

그날의 몸국 한 그릇은 여러 상반된 감정을 얽어매며 나를 혼란스럽게 했다. 생전에 그렇게 좋아하시던 몸국을 먹을 수 없는 아버지. 내게 생生과 사死의 거리는 짧고 갈림길은 냉혹하게 다가왔다. 죽음의 바짓가랑이를 붙들어 봐도 생이 한순간에 끝날 수도 있다는 허무가 나를 짓눌렀다.

아버지의 부재를 이겨 내고 집안을 책임진 장녀로서 어떻게든 살아내야 한다는 조급함이 밀려왔다. 모든 것이 내 어깨에 걸려 있었다. 어떻게든 힘을 내지 않으면 안 되었다. 몇 끼니 거르고도 배고픈 줄 몰랐는데 입맛이 다시 살아났다. 그것은 배를 채운다기보다 영혼과 육신을 다독이는 따스함이었다. 꼬르륵 소리가 온몸을 휘감으며 슬픔으로 허기에 찬 빈속을 몸국으로 채우며 마음을 다독였다. 눈물샘이 멈추고 문상객을 대할 여유가 생겼다.

솥 안에 불순물이 엉긴 뿌연 거품이 부글거린다. 고운 체망으로 거품과 겉도는 기름을 걷어 낸다. 이윽고 뽀얀 국물이 우러나온다. 육수에 넉넉한 양의 몸과 고기와 내장과 터진 순대 꼬투리까지 넣고 뭉근해질 때까지 다시 끓인다. 손질한 몸을 끓는 물에 넣으니 바다 향기가 넘실거린다. 푹 곤 뼈를 건져 살점을 발라낸다. 돼지기름의 숨결이 몸 건더기 살결에 스며들며 그 조화가 어느 쪽에 치우치지 않는다.

메밀가루를 풀어 넣고 다시 끓이니 국물이 풀풀하게 진해진다. 국물이 진해지면 그 맛이 오죽 진득할까. 사는 것 자체가 진득한 일이 아닐까. 몸국 한 숟갈을 떠서 맛을 본다. 국물에서 몸 향기가 묻어 나오는 감칠맛이다. 아버지의 맛이 내게로 온다. 크렁크렁한 기억을 더듬으며 내가 더 달이고 고아 내야 할 것이 무엇인지 생각해 본다.

돌이켜보니 지난 세월은 아궁이 불꽃을 피우는 불쏘시개 같은 삶이었다. 내면에서 벌이는 이중적 감정의 삶은 고달프고 힘들었다. 그렇지만 모두 받아들이며 녹아 내야 했던 나의 몫이었다. 고통으로 힘들다고 원망과 후회도 많았고, 가족들과 이웃, 친구들에게 아집으로 상처도 많이 주었다. 상처 많은 나무가 아름다운 무늬를 남기듯 이겨 내다 보니 기쁨도 즐거움도 많았다. 고통도 나쁜 것만은 아니었다.

아직도 가슴 안쪽에 쌓인 묵은 먼지와 허기지고 덧난 아픔 자국이 남아 있다. 모든 것을 그러려니 하는 마음으로 묵묵하게 삶에 녹이다 보면 뭄국처럼 진국의 삶을 만들어 갈 수 있으리라.

남은 가족에게 그리운 그림자만 드리워 놓고 떠나신 마흔여덟 살 아버지. 오늘따라 서쪽 하늘 구름이 더 발그레하다. 텅 빈 위장에서 시장기 소리가 낭창하다. 뭄국에 푹 녹여 낸 속삭임을 들으며 저녁 밥상을 차린다.

몸국 한 숟갈을 떠서 맛을 본다. 국물에서 몸 향기가 묻어 나오는 감칠맛이다. 아버지의 맛이 내게로 온다. 크렁크렁한 기억을 더듬으며 내가 더 달이고 고아 내야 할 것이 무엇인지 생각해 본다.

겨울 냄새가 묻어나는 **무밥**

하얀 2월이다. 허공에 붙들지 못한 눈송이가 바람 타고 하늘하늘 춤추며 조용히 내려앉는다. 겨울의 순결한 진풍경이다. 백설로 꽃핀 세상은 더없이 포근하고 아늑하다. 들녘은 봄을 부르는 노랫소리로 일렁거리지만 온통 흰빛이다.

수액을 머금은 매화 꽃봉오리 하나가 꼼지락거리며 눈을 비빈다. 참새 떼는 광나무 가지에서 노래 부르다 날개를 털며 이리저리 왔다 갔다 한다. 날아본들 어디서 쉴까. 어쩔 줄 몰라하는 풍경에 넋을 잃다가 그 자리에서 쉬라고 가만히 속삭여 본다.

길 건너 텃밭에 눈길이 간다. 머리에 눈꽃 화관을 쓴 무와 배추는 숨을 죽이고 침묵하고 있다. 땅심의 위력일까. 매서운 눈보라에도 쓰러질 수 없다는 듯 시베리아 같은 눈물을 감춘다.

허공의 눈송이가 가볍게 몸을 흔들다가 머리와 손바닥에 내려앉는다. 금세 쌓이는 듯하더니 차가운 빗물처럼 녹아 버린다. 눈송이와 빗물이 하나가 된다. 그 뜨거운 빗물은 봄을 기다리는 흔적. 땅속으로 스며들면 새 생명이 잉태되어 대지가 기지개를 켜리라. 얼마나 아름다운 기적의 순간인가.

아무도 걷지 않은 숫눈길의 발자국이 어린 시절 먹었던 무밥을 불러온다. 무의 하얀 속살이 눈송이와 같은 색이라 그랬을까. 겨울 텃밭에 눈송이가 목화송이처럼 내려앉으면 어머니의 부엌은 부산해진다. 냉장고가 없던 시절, 땅속 깊이 짚을 깔고 움 저장한 고구마와 무를 꺼내 와 고구마를 찌고 무로 국을 끓이고 밥을 짓곤 했다. 그런 날은 부엌 아궁이는 빨간 귓불처럼 달아올랐다.

어머니의 경쾌한 도마질 소리가 부엌을 메우며 담장을 넘는다. 설장구 휘모리장단이라고 할까. 젊은 시절 무꽃 같은 어머니의 이야기가 피어오른다. 옆에 바투 앉아 듣는 이야기는 훈훈한 젖가슴으로 얼어붙은 마음을 녹인다. 바람 든 무처럼 뼈마디가 구멍 날 때까지 평생 부엌에서 지낸 어머니의 시간을 훑는다. 도마 위에 남긴 칼자국은 나를 살리고 가족을 살린 자취다. 어느 작가의 소설처럼 "어머니가 해 주는 음식과 함께 그 재료에 난 칼자국을 삼키며" 살아왔는지 모르겠다. 그 칼자국이 식도를 거쳐 소장小腸의 혈관을 타고 나를 성장시켜 온 것이 아닐까 싶다.

양푼 가득 쌓인 무채를 볼 때면 추위도 허기짐도 견뎌낼 수 있었다. 나는 순수하고 무던한 무밥을 좋아한다. 무밥이 식도를 탈 때면 몸을 흔들며 깔깔대던 친구들이 보이고 이웃들이 보인다. 그 이유는 무엇일까. 자주 만나지 못해도 늘 마음 언저리를 맴도는 사람이 있듯, 자신이 받은 사랑을 다른 이에게 조용히 베풀 줄 아는 그런 사람 같은, 그 수더분한 맛이 무밥이라 오감으로 느낀다. 옆에서 허겁지겁 먹던 동생에게 살포시 웃음을 보낸다. 시원하면서도 달고 아삭한 식감이 혀끝을 부드럽게 자극한다.

가난한 밥상에 둘러앉으면 쌀알보다 보리쌀과 무만 보였다. 그래도 행복했다. 궁핍한 살림에 배부르게 먹이고 싶은 어머니의 곡진한 마음을 읽는다. 그런 날은 김장 김치와 간장만 있어도 창문으로 넘어오는 가로등 불빛이 정겹기만 했다. 참기름 한 방울 툭 떨어트린 양념간장을 무밥 위에 얹어 비벼서 볼이 터지도록 먹는 얼굴에는 백설 같은 흰 꽃이 피고 순연해지곤 했다.

과연 밥이란 무엇일까. 배가 부르도록 먹어야 숟가락을 놓았던 가난한 시절의 밥, 흥부의 박에서 제일 먼저 나온 것은 금은보화도 아니요, 비단옷도 아닌 쌀밥이었다. 조선의 왕들도 흉년이 들면 반찬 가짓수를 줄이고 수라의 쌀 양을 줄였다고 한다. 밥그릇에서 전해지는 그 훈훈함은 세월이 지나도 아직도 식지 않고 눈이 내리는 날이면 그리움으로 채색된다.

지중해를 건너 실크로드를 거쳐 넘어온 무는 계절마다 밥상을 풍성하게 해 주었다. 위장을 다독이며 소화를 돕고 건강을 챙기는 식재료가 이만한 게 있으랴. 깍두기, 무말랭이무침, 무생채, 무전으로 배고픔을 달래며 달큼한 감칠맛으로 미소를 짓게 한다. 《동의보감》에 "무는 성질이 따뜻하고 맛은 달며 독이 없다. 오장의 나쁜 기운을 씻어 낸다"라고 적혀 있다. 뿌린 대로 순응하며 몸을 불려 와 무 속에 꽉 찬 영양가의 위세가 대단하다.

한동안 춥다고 이불을 껴안고 뒹굴었더니 얼굴은 찐빵처럼 부풀고 뱃살만 하마처럼 늘었다. 점심엔 무얼 먹지? 생각에 잠기는데 '겨울엔 무밥'이 튀어나온다. 밥알에 겨울왕국처럼 무송이가 피면 오장육부가 얼마나 개운할까. 달라붙던 고뿔도 달아나고 저칼로리에 수분과 식이섬유도 많고 면역력에도 도움이 된다니 금상첨화다.

텃밭 무를 뽑아 어머니의 그 무밥을 짓는다. 무를 씻고 껍질을 벗기고 나니 하얀 피부가 달빛처럼 훤하다. 무채는 가늘지도 두껍지도 않아야 하는데, 천천히 채를 썬다. 어머니의 칼자국이 가슴에 새겨진다.

밥솥에 채 썬 무를 넣고 불린 쌀을 올려놓으며 더부룩한 헛배의 감정도 집어넣는다. 그 위에 다시 채 썬 무를 올려놓고 소금과 참기름을 두 방울 넣어 밥솥 전원을 켠다. 채소밥의 알림 정보가 울리고 완급에 따라 움직이더니 질풍노도처럼 기포가 솟구친다. 부글거리던 거품이 가라앉고 뜸들이기 신호에 공복감이 찾아든다. 숨을 고르며 양념간장을 만든다. 양념간장은 간장에 쪽파를 송송 썰어 참기름을 띄우면 그만이다.

압력밥솥의 김빠지는 소리가 흐트러진 나를 일으킨다. 소찬의 무밥 한 그릇을 식탁에 올리고 나니 공손해진다. 소박하고 정갈한 무밥 상차림이 할퀸 상처를 부드럽게 감싼다. 호흡을 가다듬고 천천히 숟가락질하다 보면 어머니의 무밥처럼 지난 아픔이 위로된다.

무밥 짓는 과정은 고통과 슬픔을 무의 단맛과 알싸한 감칠맛으로 버무리며 뭉개진다. 밥 한 숟가락 뜰 때마다 상처 하나가 부서진다. 멀리 있던 과거의 쓰라린 기억들이 사라지며 무밥이 '인생 별 거 있냐, 나처럼' 하며 활짝 웃는다.

창밖은 다시 눈발이다. 겨울 냄새가 묻어나는 무밥에 봄의 온기가 날아든다.

추억 없는 인생은 쓸쓸하잖아

고구마빼떼기

하루가 다르게 달라지는 여름 끝자락, 마트에는 벌써 가을이 와 있다. 넓은 매장 안 과일 진열대가 울긋불긋 단풍으로 물들었다. 제철을 맞은 과일과 채소들, 가을 빛깔이다. 진열 상품을 둘러보다 고구마 진열대에 시선이 꽂힌다. 소포장한 꿀고구마를 한 봉지 사서 카트에 담는다. 반찬거리를 사고 나서 인스턴트 상품을 보고 돌아나오는데 고구마빼떼기 과자가 보인다.

빼떼기! 오래전부터 부르던 이름처럼 정겹다. "기억이 명사라면 추억은 동사"라고 누가 말했던가. 고구마빼떼기 과자를 보니 학창 시절의 일탈이 머리를 뒤흔든다.

찬바람이 불며 눈발이 날리던 고교 시절 어느 날었다. 운동장에 싸락눈이 사락사락 내리다가 함박눈이 포근하게 쌓였다. 6교시 쉬는 시간, 뒷자리 정희가 다가오더니 귓속말을 했다.

"청소 시간에 술짝이 우리 집에 강 고구마빼떼기 삶앙 먹엉 오게."

뜬금없는 제안에 내 눈이 커졌다.

"뭐랜 햄나? 땡땡이치자고?"

"응, 우리 집이 학교랑 멀지 않으난, 확 갔당 오믄 된다게."

"경ᄒᆞ당 선생님이여, 친구들 알면 어떵ᄒᆞ젠."

걱정하는 나를 옆 단짝 옥자가 거들었다.

"신발 거꾸로 신엉 나가면 모르메."

그렇게 우리 셋의 일탈이 시작되었다. 살금살금, 나뭇가지에 앉았다가 후드득 도망가는 참새처럼 교복 입은 채로 줄행랑을 쳤다. 발자국을 뗄 때마다 사각사각 소리가 났다. 발끝의 느낌이 구름 위를 걷는 듯 가볍고 포근했다. 셋이 신발을 거꾸로 신고 어기적거리며 삼키듯 마구 달렸다. 추격자 없는 도망자의 긴장감과 스릴감이 눈 내리는 찬바람 사이로 날아다녔다.

학교 운동장을 빠져나온 거리는 인적이 뜸해 고요했다.

옥자가 신이 났던지 통쾌하게 큰 웃음을 터트렸다. 나는 겨울바람에 흔들리는 나뭇잎처럼 다리가 떨렸다. 정희가 웃으며 "야이 다리 떠는 것 보라, 누게 범생이 아니랜?" 나의 일탈은 불안하기만 했다. 이렇게 낭랑 18세 홍안의 소녀들이 평생 잊을 수 없는 추억을 만들고 있었다.

정희네 집에 당도하니 마루에 빼떼기가 포대에 가득 있었다. 물컹물컹한 물고구마의 하얀 빼떼기에서 향긋한 냄새가 났다. 밭떼기 하나 없는 집의 나로서는 너무 부러웠다. "이 많은 빼떼기!" 놀라워하는 나를 보며 정희가 한마디했다. "이거 장만ᄒᆞ젠 얼마나 고생해신 줄 알암샤?" 빼떼기를 꺼내 양푼에 담으며 고단했던 순간을 읊었다.

"고구마 썰엉 말리젠 허믄 갑바 깔앙 그 위에 널엉 뒤집고 거두고 해야 해, 경ᄒᆞ당 갑자기 비 오면 그거 확 덮어야, 빨리 거두지 아니하면 까맣게 썩엉 못 먹어. 학교 갔다 오당 죽게 뛰어와도 빨리 안 왔젠 어머니한테 욕 하영 들었져. 잘 말려야 겨울에 밥 대신, 과자 대신 삶아 먹어."

빼떼기 말리기가 얼마나 힘든 일인지 의기양양하게 풀어

놓았다. 옥자와 나는 정희의 말에 귀를 기울이며 눈만 멀뚱거리며 듣기만 했다.

늦가을의 그윽한 풍경이 아른거린다. 찬바람이 불면 마당이나 길바닥엔 젖은 옥양목 널어 말리듯 하얀 빼떼기로 진풍경이었다. 빈 들녘처럼 사방이 조용한 날이면 나는 살금살금 절간 고구마를 한 움큼 훔쳐 몰래 호주머니에 담았다. 부끄러워 얼굴이 붉어졌다. 그렇지만 위대한 일을 치른 것처럼 입안에 넣고 "감저 빼떼기 몰랐져(말랐다), 몰랐져(말랐다)" 노래를 흥얼거리며 집으로 돌아오곤 했다. 곶감처럼 하얀 당분이 배어 나와 씹을수록 단맛이 났다.

옥자가 빼떼기 양푼을 건네받아 씻었다. 씻는 물속에 제주의 지난 아픈 역사의 가락이 흐른다. 일본에서 가져온 고구마 종자 몇 알로 주린 배를 채웠던 아리랑 곡조가 자진모리장단으로 넘어간다. 배곯음의 설움보다 더 큰 것이 어디 있으랴. 일제강점기, 조선총독부의 미곡공출米穀供出 고개를 넘기가 너무 힘들었다. 주린 배를 물로 채우고 빼떼기로 채우고 쌀타령을 부르며 가파른 고갯길을 아우성치며 간신히 넘었다. 땅을 빼앗긴 수탈의 억울함이 너무 크고 깊어 원통했다. 빼떼기는 단순한 간식거리가 아니었다. 슬픔과 굶주림을 달랬던 삶의 생명줄이었다. 그 위력은 어머니의 시름을 거두고 아이의 울음을 달랬다.

옥자가 씻은 빼떼기에 당원이 들어가야 맛있다며 솥에 당원 물을 자작하게 넣었다. 마른 솔가지를 넣어 아궁이에 불을 지피니 화르르 타오르며 시뻘건 불꽃들이 춤을 췄다. 불꽃은 어찌 그리도 예쁜지. 붉은 불꽃이 홍시 속살처럼 얼굴을 뜨겁게 달군다. 장작 토막을 깔고 앉은 옥자의 얼굴이 붉은 잉걸 되어 너울거렸다. 솥에서 아름다운 우정이 익어갔다.

빼떼기가 다 삶아졌는지 솥뚜껑을 열어젖히니 숱한 이야기가 부엌에 퍼진다. 이마와 콧잔등에 송송 맺힌 땀방울과 눈물로 거두어들인 빼떼기, 뽀얀 연기 속에 낮달처럼 희미한 얼굴이 구시렁구시렁 들린다. 이제는 별미가 되어 버린 음식. 수다스러운 친구들의 목소리가 노닥댄다. 지청구 장단에 맞춰 쫀득쫀득한 빼떼기 하나 꺼내 입에 넣으니 달디달다. 정희가 얼른 하나 꺼내 주며 옥자의 넋두리를 달랜다. 솥 밑에 달라붙은 끈적끈적한 빼떼기와 국물을 긁으니 얼마나 달던지. 숟가락을 빨던 풍경이 그윽하기만 하다.

누구에게나 추억의 음식이 있다. 음식은 배고픔만을 해소하는 것은 아니다. 영혼의 허기를 채우고 가슴살 비비는 추억을 불러온다. 다시 돌아갈 수 없는 그 시절, 싱그럽고 생기발랄하던 친구들이 멀리 떠나 있어 더욱 그립고 보고 싶어진다. 다시 만난다면 그런 추억을 만들 수 있을까. 그 시절로 돌아갈 수 없기에 애틋하기만 하다.

지금은 사라져 버린 빼떼기, 풀꽃처럼 떠오르는 그리운 친구들. 어찌할까나. 삶의 노래가 되어 추억의 한 페이지를 장식한다. 해거름 산그늘 아래로 노을이 진다. 빼떼기 한 조각 씹으면 마음만이라도 풋풋했던 학창 시절로 돌아갈 수 있으려나. 달빛으로 다가와 말을 건다. 추억 없는 인생은 쓸쓸하잖아.

눅진한 정으로
죽을 쑤다
콩죽

대한大寒이 지났지만 절기 끝자락은 얼음 속에 숨어 있다. 해발 300미터 명도암 마을은 노루의 울음만 두렁거리는 산사 풍경이다. 겨울바람 소리에 봄을 기다리는 설렘이 뭉개진다.

꽃불을 켜고 햇살 한 줌, 바람 한 줄기 삼키며 열정으로 피운 애기동백. 열어젖힌 꽃에 볕살이 내려서고 꽃그늘이 수런거린다. 속절없이 사그라져 가는 붉디붉은 꽃잎, 숨 가쁘게 꽃을 피워 냈듯이 찬 서리 만나 하염없이 떨어진다.

채소 텃밭에 초대받지 않은 손님처럼 잠시 쪼그리고 앉는다. 눈을 가늘게 뜨고 찬찬히 들여다보니 배추며 시금치가 쌓인 눈을 비집고 머리를 내밀고 있다. 땅속의 신음을 듣는다. 손으로 쓸어 보다가 한 잎 뜯어 입에 넣는다. 나물 향기가 입안에 잔잔히 퍼진다. 깊고 그윽하다. 꽃처럼 진한 향기는 아니지만 간들간들하는 바람을 등에 업고 자신의 존재를 드러낸다.

가슴속 뜨거운 응어리가 불끈 솟아난다. '대한이 소한小寒 집에 놀러 갔다가 얼어 죽었다'는 속담처럼, 눈발이 날리고 매섭게 추운 겨울이면 생각나는 음식이 있다. 연둣빛 속살을 지닌 서리태 콩죽이다. 자극이라곤 찾아볼 수 없는 부드럽고 따뜻한 블랙푸드. 신장을 다스리고 혈액 순환을 활발하게 하는 약재나 다름없는 해독 음식이다.

어린 시절 배탈이 나면 어머니는 흰죽을 끓여 주시곤 했다. 흰죽을 한두 끼 먹고 기운을 차리면 원기 회복으로 콩을 갈아 콩죽도 끓여 주셨다. 이런 뜨끈뜨끈한 죽 한 그릇으로 어지간한 배탈을 이겨 내고 웃을 수 있었다.

서리태콩을 휘리릭 씻어 물에 담가 불린다. 딱딱하게 응어리졌던 콩알이 무너지며 부드러워진다. 믹서에 넣고 갈아 준다. 뚜따따따~ 모터 돌아가는 소리가 요란하다. 삶은 콩이 뭉그러지고 으깨지며 갈리면서 순식간에 형체를 알아볼 수 없다. 춤추는 무희처럼 매혹적이다. 짓누르던 나의 감정도 요동친다. 서리태콩을 채에 걸러 앙금을 내린다. 그 색깔에 지난 고통과 슬픔의 세월이 녹아난다. 향긋한 몰입의 순간이 찾아들며 물 흐르듯 마음이 편안해진다.

불린 쌀과 물을 냄비에 넣고 끓인다. 냄비가 달그락거리며 거친 숨을 몰아쉰다. 나무 주걱으로 휘휘 젓는다. 덩달아 솟구치던 기포도 눙치면 불을 줄인다. 불조절을 하다 보면 한숨만 푹푹 내쉬던 지난날들이 허기짐으로 찾아든다.

쌀알이 퍼지면 갈아 놓은 서리태콩 앙금을 붓는다. 바닥에 눋지 않게 천천히 저으며 약한 불에서 끓인다. 믹서 헹군 물을 부어 가며 농도를 맞춘다. 쌀알이 퍼지면서 부글부글하던 거품도 가라앉는다. 억누르던 감정도 숨을 고르며 신산했던 시간이 수굿해진다. 죽에 갱년기 여자를 달래 줄 이소플라본이 무른 시간 속에 고소함으로 녹아난다.

죽 한 그릇을 식탁에 올리니 잃었던 입맛과 기억이 떠오른다. '맛'보다는 '생존'으로 먹었던 죽. 가난한 시절의 허기를 채우고 고단한 몸과 마음을 따뜻하게 감싸준 한 끼니. 눈 속의 어린 시절 음식으로 다가온다.

죽을 식혀 가며 먹는다. 대추 고명을 얹고 물김치와 간장으로 차려 낸 상이 소박하고 정갈하다. 고개를 숙이고 혼자 먹는 죽은 지난 삶을 반추하는 여유를 갖게 한다. 천천히 숟가락질하다 보면 옹색했던 삶도 부드럽게 지나간다.

서리태 콩죽은 자주 먹는 음식은 아니다. 어쩌다 밥보다 죽이 생각날 때가 있다. 어둠이 내린 주방에 전등불을 밝히면 가끔 머릿속에서 믹서 돌아가는 소리가 난다. 하루 동안 낯설고 고단했던 시간의 흔들림이 컸던 탓일까.

시리고 고단한 세월을 따뜻하게 품어 주는 죽, 그런 죽을 쑤는 사람은 잘 보이지 않는다. 입에 넣으면 아무 맛이 없는 듯해도 먹을수록 죽 맛처럼 정이 깊은 사람, 매일 아등바등해도 죽이 척척 잘 맞는 살가운 삶을 사는 사람을 그리워하게 된다. 삶의 모퉁이를 돌 때마다 옹졸하고 편협하게 살아온 것 같아 죽 같은 사람이 기다려진다.

창문 너머 봄을 재촉하는 바람이 성큼성큼 걸어 들어온다. 몇 남지 않은 나뭇잎이 내는 소리에서 죽의 속심을 듣는다. 이제라도 찰기로 뭉쳐진 서리태 콩죽처럼 눅진한 정으로 익히고 삭힌다면 또 다른 풍미로 남은 인생을 즐길 수 있지 않을까. 그래서 나는 오늘도 죽을 쑨다.

이제는 찾을 수 없는 오합주

가을비가 종일 대지를 적시더니 쌀쌀하다. 늦은 오후 마을 회의가 끝나고 술집에 들어섰다. 테이블마다 뜨뜻한 불판에 둘러앉은 풍경이 훈훈하다.

지글지글 돼지갈비 굽는 냄새가 코를 찌른다. 불 향을 머금은 돼지갈비가 먹기 좋게 구워져 나온다. 탁자 위 매콤달콤한 콩나물 파채는 누구나 좋아할 고기와 환상적인 짝꿍이다. 쌈채소에 고기 한 점과 파채를 얹어 싸 먹으면 그 맛이 흥을 부르고 술을 불러온다.

옆 테이블에서 이웃 사이인 듯 소맥을 주고받는다. 서로를 챙기는 말과 덕담이 오가며 푸푸한 시간이 이어진다. 왁자하지도 않다. 점잖게 마시다 목소리가 커지며 한바탕 웃음을 터트린다.

다른 테이블 손님들은 술기운이 들었는지 시끌벅적한 소리가 내 귓등까지 넘어온다. 서로 이야기를 털어내느라 정신이 없다. 목소리는 점점 커지고 들어줄 사람은 개의치 않고 자신들 이야기만 내뱉는 모습이 시장통을 방불케 한다. 갑자기 한 남자가 술의 힘을 빌려 목청 높여 큰 소리로 "한 잔 따라줘." "크~윽" 하며 마신다. 이 광경을 보니 얼마 전에 읽었던 《명정酩酊 40년》이 떠오른다.

명정이란 몸을 가눌 수 없을 정도로 술에 취했던 변영로 시인이 40년 주당 인생을 돌아보며 쓴 에세이다. 책을 읽다 보면 이해가 되지 않을 정도의 코믹한 장면이 이어진다. 어이가 없다가도 눈물을 뺄 정도의 웃음을 자아내게 한다. "비극은 눈물을 마시고 희극은 술을 마신다"라고 했나. 수주樹州 변영로 시인의 명정 40년은 배꼽이 빠질 정도의 놀랄 만한 일화가 많다.

"청명하니 한 잔/ 날씨 궂으니 한 잔/ 마음이 울적하니 한 잔/ 기분이 상쾌하니 또 한 잔."

이는 변영로 시인의 〈나의 음주변〉의 일부다. 이렇게 군색한 변명을 늘어놓는 이도 있을까. 술김에 평양 가는 기차를 타고 가서 며칠을 헤매고, 성균관대 잔디밭에서 넘치도록 술 마시고 벌거벗은 채 소를 타고 시내까지 진입한 '백주나체승우사건'은 유명한 일화다. 술김에 동사凍死할 뻔한 것을 누가 구해 준 일만도 수십 번, 술값이 없어서 원고료를 가불 받았던 일이며 이루 말로 다할 수 없는 각종 주사酒邪가 펼쳐진다.

술만큼 마시거나 먹어서 즐거운 것도 없을 것 같다. 그렇지만 즐겁고 흥겹게만 마시기엔 힘든 것도 술이다. 마시다 보면 주정이라는 복병이 따르기도 한다. 술은 사람을 위해 있지만 선과 악의 양면이 있다. 아무리 좋은 술이라도 끝이 좋지 않으면 좋은 술이라 할 수 없지 않은가.

변영로 시인도 술을 끊겠다고 목에 금주 패를 차고 다녀봤지만, 아무 소용이 없었다. 술에 흠뻑 젖어 들어오기 일쑤인 그를 바라보는 가족들의 마음은 어떠했을까. 술버릇이라 하지만 '너무 하잖아' 하는 생각이 들기도 한다. 내 남편이 그런다면 어땠을까. 헤어질 노릇인데, 그런 술버릇조차 풍류 있는 객기로 보던 시절이었으니 다행이었지 싶다.

술을 마시는 것보다 술자리가 좋다는 사람이 많다. 술자리에 있다 보면 어색했던 사람들도 금세 친해지고, 어려운 이야기도 술술 풀린다고 한다. 나의 아버지도 그랬다. 애주가를 넘어서 아버지의 삶이 되어 버린 술은 식사 때마다 매번 올라왔다. 주로 소주를 마셨지만, 컨디션이 좋지 않거나 피곤한 날이면 누룩을 넣어 빚은 청주나 정종을 데워 마시곤 했다. 그런 날은 속을 달래기 좋은 국물 술안주가 차려졌다.

어느 날 밥상에 소주가 아닌 색다른 술이 올라왔다. 술병도 다르고 노란 빛깔의 진한 술이었다. 이 빛깔의 정체는 무엇일까. 어머니가 줄곧 빚어 온 술이 아니었다. 좋은 술은 향으로부터 온다고 하지만 아버지는 식사를 마치고 아무 거리낌 없이 소주잔으로 그 술을 들이마셨다. 술로 망가진 몸을 술로 푸는 격이라고 할까. 그건 어머니의 정성이 깃든 오합주였다.

찬바람이 불면 매일 술을 드시는 아버지를 위해 어머니는 몸보신용 오합주를 만들었다. 오합주를 보면서 어머니 얼굴에는 향기로운 화색이 피고, 아버지는 술로 흐트러진 건강도 좋아지신 듯 환했다. 오합주를 만드는 날이면 어머니는 마음가짐도 조심했다. "뒤숭숭한 마음으로 만들면 쓴맛이 난다"라고 말씀하시던 모습이 떠오른다.

오합주는 청주, 꿀, 참기름, 달걀노른자, 생강 다섯 가지를 섞어 몸을 보할 수 있는 제주의 민간요법 약술이다. 차좁쌀 가루를 반죽하여 동그랗게 만든 다음 삶아서 구멍 떡을 만든다. 그런 날이면 어머니는 구멍 떡에 꿀을 바르거나 팥고물을 묻힌 오메기떡을 만들어 주었다. 오메기떡을 으깨어 누룩과 같이 섞어 오메기술을 빚었다. 오메기술 윗부분인 청주에 꿀, 달걀노른자, 참기름을 같은 비율로 섞는다. 술에 달걀노른자와 참기름의 배합이라니, 특이하다. 달걀이나 참기름의 느끼함을 없애 주는 생강은 다른 재료보다 적게 넣는다.

그릇에 달걀노른자를 넣고 잘 저은 다음 꿀과 참기름을 넣어 젓는다. 여기에 청주와 생강즙을 잘 섞어 항아리에 넣고 밀봉해 발효시킨다. 부풀어 오르기 때문에 하루에 두세 번 반드시 저어 주어야 한다. 다른 술에 비해 오래 보관할 수 없는 게 흠이라면 흠이다. 피로 회복과 식욕 증진, 혈액순환에 더할 나위 없는 오합주, 지금은 사라졌다니 그저 아쉽기만 하다.

오합주를 드시며 활짝 웃으시던 아버지가 그리운 밤이다. 한라산 능선을 생각하며 물맛 좋은 한라산 소주를 떠올려 본다. 저 산이 술인가, 저 하늘에 떠다니는 구름이 술인가. 단풍 들고 추워지는 날 오합주가 아니더라도 소주 한 잔 기울이며 시 한 수 읊어 보면 어떨까.

언제까지 그 맛을
기억할까

손만둣국

스미지 않고서 받아들일 수 있을까.

진한 육수가 만두피 속으로 촉촉하게 스며든다. 몰랑한 만두피와 부드러운 만두소가 서로 스며들어 하나가 된다. 한 입 베어 무니 입안 가득 육향의 은은한 감칠맛이 퍼진다. 두부와 돼지고기, 숙주, 김치가 어우러진 슴슴한 맛이 식도를 타고 흐른다. 딤섬 같은 육즙이 혈관 속으로 감기며 씹을수록 가슴에 차오른다.

그 맛은 그리움이라고 할까? 다시는 돌아올 수도 만날 수도 없는 어머님. 붉은 노을 치마 입으시고 천국 문을 열었을 어머님의 향기가 온몸을 적신다.

어머님의 고향은 이북이다. 1·4후퇴 때 '기약 없는' 피란길에 설 수밖에 없었다. 가족을 떠나 혈혈단신 그 외길은 평생 아픔이었다. 정지용의 〈향수〉로 달래던 마음은 명절이 다가오면 삶의 언저리에 굽이치던 그리움의 옹이가 더욱 깊어진다.

그래서일까. 설날에 어머님은 떡국이 아닌 소복만둣국을 끓여 빈자리를 채우셨다. 소복만둣국은 이북식 음식이다. 크기가 아기 머리통만 하다고 하면 과장일까. 한입에 넣기에 넘쳐나는 왕만두보다 커서 만둣국에 두어 개면 족하다.

만두饅頭의 어원은 속되기 짝이 없다. 오랑캐 만饅, 머리 두頭, '오랑캐 대가리'다. 정사正史가 아닌 이야기의 맛이 더 깊다. 촉한의 승상 제갈량이 남만을 징벌해 돌아오는 길에 풍랑으로 강을 건널 수 없게 되었다. 병사와 신하들이 수신水神의 노여움을 달래기 위해 인질 오랑캐 머리를 바치자고 했다. 제갈량은 개선길에 오른 장수로서 그럴 수 없었다. 고기와 채소를 섞어 사람 머리 모양의 밀가루 반죽에 싸서 제사를 지내 '강의 신'을 달랬다니 제갈량의 따뜻한 마음과 지혜가 빛난다.

설 명절 전날이다. 울담을 넘어오는 이웃의 부산한 차례 음식 냄새는 기억 저편의 오래된 맛이다. 그 맛은 씹어 삼킬 수 없고 더 이상 맡을 수도 없는 쓸쓸함이다. 저녁연기 냄새가 고향 마을을 훑고 지나가는 순박했던 시절이 얼마나 그리웠으랴. 묘향산도 청천강도 보이지 않는다. 어쩌면 샤갈의 그림 〈비텝스크 위에서〉처럼 고향의 눈 쌓인 마을 위를 날고 있었는지도 모르겠다. 허공만을 응시하던 눈망울이 힘없이 흐려진다. 눈가에 맺힌 촉촉한 눈물은 그 누구도 닦아 줄 수 없는 혼자만의 설움이었다.

순간 그늘지던 어머님 얼굴이 상기되며 춤추듯 손발을 움직인다. 마루에 만두소 재료를 차곡차곡 놓으신다. 두부를 베보자기에 싸서 으깨고 다짐육 돼지고기도 양념한다. 데친 숙주와 빨아서 잘게 썬 김치는 물기를 빼고 아픈 기억을 부수듯 휘모리장단처럼 빠른 도마질을 한다. 도마 위에서 칼이 신명 나게 장단을 맞춘다. 마루는 고향집에 온 것처럼 금세 화끈화끈 달아오른다. 모든 재료를 손질해 큰 양푼에 섞고 나면 거친 울음도 사그라든다. 주름진 얼굴에는 송글송글 땀방울 꽃이 핀다.

만두를 빚는다. 커다란 나무 밀판과 맥주병이 등장한다. 광목 원단같이 반죽을 넓게 밀고 주전자 뚜껑으로 만두피를 찍는다. 만두피가 흰 보름달처럼 훤하다. 만두피에 소를 떠 넣고 감싸면 그 속을 누가 알겠는가. 설움도 그리움도 아픔도 달빛 속에 젖는다.

나는 피가 얇으면서도 소가 푸짐한 만두가 좋다. 얇으면 터지고 두꺼우면 입천장에 달라붙어 식감이 떨어진다. 만두 빚기 과정마다 고요가 따라야 한다. 만두 모양도 가지각색, 빚는 이의 마음까지 읽는다. 만두피 가장자리에 물을 묻히고 만두소 한 스푼 듬직하게 떠서 가운데로 쏙 넣는다. 지난 아픈 기억도 상처도 만두소에 버무려 만두피 속에서 침묵한다.

그렇지만 사랑만큼은 숨기지 않는다. 반으로 접어 눌러 붙이고 나면 그다음은 만드는 사람의 아량이다. 가장자리를 치맛주름처럼 접으면 반달 모양의 만두가 되고, 끝만 얌전히 접으면 아기 궁둥이같이 둥근 만두가 된다.

둘러앉아 빚던 만두가 가족들 웃음 속에 서서히 늘어난다. 안 터진 만두는 쟁반에 넣고, 속 터진 만두는 반죽으로 조각하듯 다시 메꾼다. 만두를 온전하게 만들어도 찌면서 터지기도 하고 육수에 넣어 끓이다가 흐늘거리기도 한다.

어쩌면 우리네 삶도 만두 같은지 모르겠다. 살다 보면

내가 원하는 방향대로 이루어지지 않을 때가 있다. 터지면 어쩌고 흐늘거리면 어쩌랴. 끓여도, 삶아도, 튀겨도, 심지어 옆구리가 터져도 만두는 맛있기만 하다. 삶도 터진 만두처럼 너덜거려도 바느질해 가며 단맛 나게 살아가면 되는 것이 아닐까 싶다.

냄비에 미리 쟁여 놓은 진한 고기 육수를 끓인다. 끓어오르면 빚은 만두를 넣고 대파와 소금으로 맛을 낸다. 달걀 지단으로 고명을 얹으면 사무친 외로움은 신기루처럼 온데간데없다. 끓여서 목구멍에 침이 고이도록 먹고 나니 만두를 빚으며 가득 찼던 많은 이야기가 쏟아진다. 이야기 무늬 속에 가족의 색채가 보이고 냄새가 느껴진다. 어머님은 만둣국을 끓이며 어떤 생각을 했을까. 불면의 밤은 지나가고 서편으로 날아간 청무꽃 나비가 그립고 가슴이 먹먹하다.

더디게 흐르는 크로노스를 품은 골목을 한참 걷는다. 허기진 마음이 만둣집 앞에 머문다. 창가 만두 찜통에서 뿜어져 나오는 증기가 지나는 사람을 유혹한다. 그 아지랑이처럼 피어오르는 수증기를 사랑하지 않을 사람이 있을까. 50년

전통의 수제 만둣집, 비쩍 마른 사장님이 그릇에 담아내는 솜씨가 재빠르다. 식당 안은 사람들로 북적거린다.

만둣국 한 그릇을 먹어도 배가 고프다. 소복만둣국 빚던 어머님의 세월 이야기가 숟가락질한다. 나는 언제까지 그 맛을 기억할 수 있을까. 아직도 휴전선은 철조망이다.

설날에 어머님은 떡국이 아닌 소복만둣국을 끓여 빈자리를 채우셨다. 소복만둣국은 이북식 음식이다. 크기가 아기 머리통만 하다고 하면 과장일까. 한입에 넣기에 넘쳐나는 왕만두보다 커서 만둣국에 두어 개면 족하다.

반전의 빛날 날을 기다리며
치자단무지

겨울이 깊어지고 있다. 이파리를 다 떨군 앙상한 나무의 작은 가지는 살얼음을 건너듯 부르르 떤다. 마치 뭉크의 〈절규〉처럼 아파 보인다. 나의 몸도 마음도 꽁꽁 얼어붙는다. 신문을 펼치니 우울하고 불안한 뉴스만 가득하다. 이럴 때 인생에도 공식이 있었으면 좋겠다. 저 변에 깔린 문제에 공식을 대입해 풀고 명쾌한 답을 얻을 수 있다면, 삶의 무게가 조금은 가벼워지지 않을까.

언젠가 본 영화 〈럭키〉가 생각난다. 돈도 없고 단칸방에 살고 있는 무명 배우 재성과 청부업자 킬러 형욱, 모두 냉혹한 현실을 극복하고 성공하는 것은 쉬운 일이 아니었다. 목욕탕에서 비누를 밟고 넘어진 형욱이 기억상실증에 걸리면서 두 남자의 인생은 바뀐다.

형욱 역인 배우 유해진이 무술처럼 주방에서 한 손에 칼을 들고 휘두른다. 정체를 잊은 채 도마 위에서 펼쳐지는 능수능란한 칼 솜씨가 대단하다. 주방을 무대로 현란한 춤을 추듯 도마 위에 칼질하는 형욱, 생래生來의 야성처럼 주방의 권력을 휘두른다. 혼자만의 주방 공간이지만 그의 눈빛은 날카롭다.

순식간에 단무지로 꽃을 피운다. 단무지를 얇게 저민 후 가지런히 펴서 돌돌 말아 가장자리를 매만지니 노란 장미꽃이 피어난다. 접시에 단무지 꽃으로 장식한 식탁은 화사한 장미 정원으로 앞마당의 꽃밭 못지않다. 목마르던 식탁에 반전의 빛줄기가 쏟아진다. 형욱이 아르바이트하던 분식집은 금세 입소문이 퍼져 사람들로 붐비는 대박 가게가 되고, 형욱은 특급 반전의 '럭키'가 된다. 영화를 보는 동안 액션 신이 있기는 했으나 코믹하면서도 유쾌했다.

내게도 인생 반전을 꿈꾸던 시절이 있었다. 인생 후반 돈 걱정 없이 살아보려고…. 지금처럼 육아 보육 시설이 많지 않던 시절, 워킹맘의 육아는 힘들었다. 아들을 맡길 곳이 마땅치 않아 옆집에서 운영하는 영세한 어린이집에 몇 달보낸 적이 있다. 그곳은 식사 때마다 단무지를 서너 조각 주었다. 하루도 거르지 않고 단무지를 먹어야 했던 아들에겐 40대가 되었는데도 그 맛은 고통의 맛으로 새겨져 있다. 그래서 아들은 단무지를 싫어한다. 아들의 아들이 아니랄까 봐 손자도 단무지를 싫어한다.

만약 식탁에 매 끼니마다 똑같은 음식만 올라온다면 식구들은 어떻게 반응할까. "또 같은 반찬?" 하며 얼굴을 찡그리거나 짜증을 내며 다른 반찬을 기대하지 않을까. 그렇지만 바쁜 일상에서 맛있고 건강한 식사를 챙기기란 쉽지 않다. 밥과 국, 반찬, 똑같은 메뉴에 질리기도 하고, 매번 무엇을 먹어야 할지 고민하는 것도 스트레스다. 때로는 맛있는 음식 한입에 세상이 아름다움으로 가득 찰 때도 있다. 그래서 입맛의 충족을 위해 맛집을 찾아 줄을 서고 있는지도 모르겠다.

눈 오는 날, 짜장면을 시켜 놓고 살기 힘들다고 소리치면서도 그 위에 노란 단무지를 얹어 먹을 때의 그 맛. 단맛, 신맛을 품은 단무지가 치마폭을 흔들어대던 향단이처럼 온기의 맛으로 달려들지도 모른다. 짜장면의 짝인 단무지, 언제부터 그 맛을 봤는지는 모르겠다. 하지만 그 맛을 본 짜장면을 먹을 때면 으레 '럭키' 영화 같은 단무지를 갈망했다.

올해는 텃밭에 무를 많이 심었다. 그런데 해발 300고지라 그런지 성장 속도가 빠르지 않다. 날씨 탓인가, 영양 부족인가. 삶을 스스로 일구듯 한 생명으로 시간을 품어 온 무, 텃밭에서 숨을 쉬고 햇살과 바람을 머금으며 땅에서 움터 하얀 속살을 드러내고 세상과 마주한다.

인삼보다 낫다는 겨울 무. 가난한 시절 배고픔을 달래기 위해 과일처럼 깎아 먹던 때가 생각난다. 씻지도 않은 채 옷에 쓰윽 문질러 씹어 먹으며 허기를 달래곤 했다. 아삭하고 달달한 그 맛으로 다가올 봄을 더듬으며 거친 겨울을 이겨낼 수 있었다.

겨울철 입맛이 없을 때 따끈한 밥 한 그릇에 아삭한 무생채 한입 얹어 먹으면 어떠한가. 입맛이 확 살아나는, 무엇과도 바꿀 수 없는 반전의 반찬이다. 그뿐인가. 무밥, 무나물볶음, 단무지, 무전, 무청, 무말랭이 등 다양하게 만들 수 있는 식재료가 겨울 무다. 겨울 무는 비타민, 미네랄이 풍부해 겨울철 건강을 지켜 주는 보약이다. 그래서 동삼冬蔘이라 했다. 감기 예방은 물론이고 몸에 쌓인 염증을 없애고 소화에 탁월하다.

텃밭에 무를 뽑아 주방에 섰다. 전원주택으로 이사 오고 나서는 해마다 겨울 단골 메뉴인 치자 단무지를 담근다. 레시피는 간단하다. 재료는 무와 소금, 올리고당, 식초, 치자 열매다.

먼저 무 껍질을 벗기고 김밥의 단무지처럼 길게 자른다. 넓적한 통에 자른 무와 소금과 올리고당을 넣고 한두 시간 절인다. 절인 물에 치자 열매를 넣고 노란색이 우러나오게 한다. 치자의 달콤한 순백 향기는 없지만 은은한 향과 색으로 취한다. 치자물에 식초를 넣고 절인 무를 담근다. 화려한 꽃은 벌과 나비를 유혹하지만, 소박하고 평범한 치자물은 희디흰 무에 노란색으로 화려하게 스며든다.

단무지 한 개를 잘라 단무지 꽃을 만든다. 노란 단무지 꽃이 작은 촛불이 되어 내게로 온다. 살아온 세월을 돌아보니 그저 주어지는 것은 하나도 없었다. 살아가며 누구나 겪을 수 있는 삶의 무게가 바람을 일으키며 하나씩 꺼져 버린다. 언젠가는 아들도 반전의 맛으로 빛날 날을 기다리며 치자 단무지를 씹는다.

리셋 인생을 꿈꾸며 삼겹살김치말이

숲에 겨울 울음이 퍼져 나간다. 헐벗은 나무들은 빈 가지를 서로 애틋하게 바라보며 침묵한다. 가랑잎은 마른 낙엽 되어 흩어진다. 벌거벗은 나무들은 빛과 그림자의 경계를 지우며 서로를 품는다. 솔바람 소리 수런거리는 숲이 추억에 잠기며 생명의 기운을 감추고 있다. 그래서인지 거북이 등 같은 갈색 나무껍질이 품고 있던 생명을 지켜 내려 갈라져 있다. 오래된 각질처럼.

걸을 때마다 차가운 바람이 폐부를 찌른다. 청양고추 맛처럼 얼얼하고 아릿하다. 내 마음에 자리한 각질을 들여다본다. 사랑해 주지 않는다고, 눌어붙은 삶의 생채기와 뒹굴며 살아오지 않았는지 싶다. 겨울바람처럼 냉랭한 말투, 몸에 달라붙은 각질 같은 딱딱하고 뻔뻔한 무관심, 입술이 다 터지도록 내뿜는 원망과 분노, 에스프레소 커피 맛처럼 굳은 마음 털털 털어 화끈하게 벗겨 내고 싶다. 빨래하듯, 수피의 갈라진 틈에서 번지는 솔향이 폐를 청신하게 한다.

불쑥 젊은 날의 직장 동료들이 생각난다. 독선과 아집으로 못되게 살아온 시간을 되새김한다. 왜 그랬을까, 왜 그렇게 살았을까. 어설픈 사랑의 흔적들, 때론 상처받을까 숨은 그림자처럼 지낸 추억이 영화 화면처럼 지나간다. 지난 시간을 정면으로 마주하니 촉촉한 느낌보다 마음의 각질이 많았음을 알게 된다.

슬프고 아픔도 되새기면 아름다운 추억과 희망을 가질 수 있다는 《등대 아래서 휘파람》의 작가처럼 방황의 시간을 슬기롭게 극복하는 일이 보다 의미 있는 정답이지 않을까. 휘파람을 불어 날리며 서러웠던 지난 시간과 화해하고 싶다. 소설을 읽고 나니 작가 어머니의 마지막 유언이 주문처럼 귀에 울리는 듯하다.

"걱정 말어라. 아암, 걱정할 것 하나도 없응께!"

세상과 마주하려 마음의 굳은 각질을 한꺼풀 벗겨 본다. 각질을 벗기고 나니 저장된 기억이 기어나오며 머릿속이 시끄럽다. '그때 그렇게 했으면 좋았을 걸.' 후회로 머릿속이 꽉 찬다. 이럴 때 기분을 차분하게 달랠 수 있는 묘약은 그 기억을 푹 삭혀 버리는 일이 아닐까. 입맛 다시며 뭉기고 말아 버리고 얼큰하게. 땀을 뻘뻘 흘려가며 배를 채우는 순간 고요해지리라. 체중이 오르면 어떠랴.

오늘의 우울한 마음을 삼겹살김치말이로 달래려고 트로트를 틀어 놓고 주방에 들어선다. 삼겹살김치말이는 멀리 떠난 아들 식구가 오면 해 주고 싶은 요리다. 그렇지만 누군가를 위해서가 아닌 오롯이 나만을 위해 멋들어지게 만들고 싶다. 묵은김치와 삼겹살, 멸치육수, 그리고 약간의 양념 재료만 있으면 된다. 여태 가족들 입맛에 맞춰 살아온 껍질을 벗어던지고 정갈하게 차린 밥상은 그 무엇보다 삶의 위로가 되리라.

김치냉장고에서 묵은김치를 꺼낸다. 김치는 두꺼운 줄기는 잘라내고 연한 줄기만 사용한다. 두꺼운 줄기에 삼겹살까지 말면 한입에 먹기가 부담스럽다. 삼겹살은 다진 마늘과 맛술, 간장을 넣고 밑간한다. 양파는 굵직하게 채를 썰고 대파는 큼직하게 어슷하게 썬다. 멸치육수는 냄비에 물을 붓고 다시 멸치와 다시마를 넣어 끓여 건더기는 건진다. 김칫국물에 고춧가루, 맛술, 국간장, 설탕 약간 넣어 국물을 만들어 넣어 주면 김치찌개와 같은 맛을 낼 수 있다.

멸치육수 끓이는 동안 김치 한 장을 펴서 밑간한 삼겹살을 넣어 돌돌 만다. 풀어지지 않도록 안쪽으로 바짝 당겨 말아 준다. 세상 모든 것도 결국은 돼지고기 김치말이처럼 싸안고 가야 할 존재. 어떤 것은 빡세기도 하고 튕겨 나가기도 하겠지만. 그러다 보면 널따란 이파리 하나만으로도 보듬어 안을 수 있지 않을까.

냄비에 채 썬 양파를 밑에 깔고 그 위에 김치말이, 대파 순으로 층층 넣는다. 여기에 멸치다시마국물, 김칫국물을 붓는다. 냄비 뚜껑을 닫고 센불에 팔팔 끓이다가 뚜껑을 열고 중약불로 끓인다. 김치와 삼겹살이 물컹해지면 참기름과 참깨를 넣는다.

나를 대접하는 한 끼 밥상이 차려진다. 식탁에 앉으니 내 몸을 챙기지 않고 무심하게 지낸 시간을 반성하게 된다. 돌아보면 좋은 것은 마다하고 생각 없이 살아온 날이 많았다. 건강은 누가 챙겨 주는 것이 아니었다.

이젠 뼛속에 칼날 같은 겨울바람이 스며들고 있다. 등골이 시리면 옷 하나 더 껴입으면 되는 줄 알았다. 맨살에 도는 촉감은 소금기 낀 듯 짭짤하고 피부는 주글주글하다. 무릎 통증이 오고 허리가 뒤틀려 밤을 설치는 날이 늘어나고, 사시나무 떨듯 세월의 강을 건너고 있다. 아프면 나만 고생하는 것이 아니라 곁에 있는 가족까지 고생한다는 것은 누구나 알고 있는 일 아닌가.

살갗에 와닿는 차가운 바람이 나를 아프게 한다. 콧속에서 입안에서 겨울 향이 퍼진다. 붙잡지 못한 계절의 냄새가 와르르 쏟아지며 발밑을 쳐다볼 때마다 툭 떨어진다.

찬바람이 숲 그늘 속으로 저물어 간다. 식탁 위의 전등빛이 온기를 더한다. 부족함 없는 영양 만점 삼겹살김치말이. 한 조각 입에 넣으니 나의 삶을 리셋하고 싶다. 폭 삭은 묵은김치처럼, 배지근한 삼겹살 같은 그런 선물의 삶.

이제 나의 시간이 얼마나 남았는지 알 수는 없다. 단지 알 수 있는 것은 살아갈 시간이 줄어 가고 있다는 것뿐이다. 신만이 알 수 있는 시간, 그렇지만 흐르는 시간에만 맡긴다면 돌이킬 수 없이 후회만 남을 것이다.

리셋 인생? 그런 날을 꿈꾸며 숲길을 걷고 바지런히 나를 위한 밥상을 차린다.

이지출판이 펴낸 수필집

날아간 군만두_ **박종금**
★모든 것은 지나간다_ **문상기**
돌아오지 않은 제비_ **최문정**
갈망의 노래_ **서용순**
때로는 갇힌 새가 부럽다_ **박종금**
검은 넋 눈꽃으로 피는가_ **안 숙**
나의 인생 4막5장_ **허재영**
기다린다는 것은_ **문상기**
★60, 내 생의 쉼표_ **서정순**
★나의 치펜데일 의자_ **조계환**
★당신 덕분에 여기까지 왔습니다_ **최종수**
얼굴 없는 가수_ **박 순**
셋이 함께 떠나는 이야기 여행_ **강정주 외**
★설송을 기리다_ **서장원**
행복해지고 싶은 날 팬케이크를 굽는다_ **최지안**
오래된 피아노_ **최문정**
★꽃무늬 앞치마 두르고_ **김정아**
★흑석동 산 1번지_ **방승순**
★부암동 살구나무집_ **인연정**
하늘색 대문집_ **김정례**
분홍 꽃이불_ **김미옥**
나의 목련꽃_ **김기선**
훔치고 싶은 시간_ **남정인**
시간의 마음을 묻다_ **이동식**
또 한 번의 야반도주_ **홍정자**
★꽃, 그 은밀한 세계_ **손광성**
지금은 나를 사랑할 시간_ **오설자**
인연의 옷깃이 스쳐간 한악계의 별들_ **한명희**
학 떠난 빈터에는_ **한명희**
당신은 해마다 무궁화로 피어나시고_ **심금자**
하늘에서는 땅을 땅에서는 하늘을_ **최성열**
詩를 연주하다_ **국혜숙(PEN문학상)**
항암, 시간의 바다를 건너다_ **조계환**
낭만가街객_ **김태겸**
어느 뚜벅이의 작은 행복_ **박명자**
★도서관 할머니의 꿈_ **정정성**
나는 모자를 벗었다, 썼다 한다_ **최장순**
뜨거운 것은 오래 머물지 않는다_ **정의정**
새들이 숲으로 돌아오는 시간_ **이향아**
나의 배냇저고리_ **이규대**
그의 마지막 목소리가 듣고 싶었다_ **이동순**
배우 권병길, 빛을 따라간 소년_ **권병길**
사람이 그리워 먼길을 돌아왔다_ **이 환**
1929년생 오준임 그래도 꽃길이었어요_ **김지영**
70, 내 생의 청춘_ **서정순**
바깥이 안을 키운다_ **최장순**
세 번째 스무 살_ **한영옥**
★천 번째 풍선_ **김 정**
하여튼 100명의 여자 이야기입니다_ **이명선**
그네에 앉아 세상을 읽다_ **임우재**
지연된 귀환_ **문선일**
바다_ **손광성**
아버지의 섬 낮달_ **안 숙**
시간여행_ **서장원 외**
도미노 부부_ **김상용 인병옥**
그날은 빙떡도 웃었다_ **오인순**

★는 세종도서 문학나눔 선정도서입니다.